不懂带团队，
你就自己累

> 告别单打独斗
> 培养一批能够解决问题的人
> 而不是自己去面对所有问题
> **打造强悍的狼性团队，向管理要业绩**

李萌　编著

扫码收听全套图书

扫码点目录听本书

成都地图出版社

图书在版编目（CIP）数据

不懂带团队，你就自己累／李萌编著． — 成都：
成都地图出版社有限公司，2018.10（2023.3 重印）
ISBN 978 – 7 – 5557 – 1062 – 2

Ⅰ．①不… Ⅱ．①李… Ⅲ．①组织管理学 – 通俗读物
Ⅳ．①C936 – 49

中国版本图书馆 CIP 数据核字（2018）第 237983 号

不懂带团队，你就自己累　BUDONG DAI TUANDUI, NI JIU ZIJI LEI

编　　著：李　萌
责任编辑：陈　红
封面设计：松　雪
出版发行：成都地图出版社有限公司
地　　址：成都市龙泉驿区建设路 2 号
邮政编码：610100
电　　话：028 – 84884648　028 – 84884826（营销部）
传　　真：028 – 84884820
印　　刷：三河市宏顺兴印刷有限公司
开　　本：880mm×1270mm　1/32
印　　张：6
字　　数：136 千字
版　　次：2018 年 10 月第 1 版
印　　次：2023 年 3 月第 16 次印刷
定　　价：35.00 元
书　　号：ISBN 978 – 7 – 5557 – 1062 – 2

前　言

现代领导学中流行一句形象的比喻："一匹狼领导的羊群可以打败一只羊领导的狼群。"并不是所有的人都能当领导，更不是所有的人都能做好领导。成功的领导能够自如驾驭强过自己的人，并能将他们有机地组织到整个机构中，扬其长避其短。如若不是，便只能自己一人独自工作，辛苦而没有效率。因此，学会带团队就显得极为重要了。

要学会带团队，首先要对领导角色有充分的认知和正确的定位。角色认知和角色定位是领导工作的前提和基础，只有充分了解领导角色才能知道自己要做的是什么工作，只有正确地定位领导工作才能知道自己处于一个什么位置。当你完全明白自己是在什么位置做什么工作的时候才能开展你的带团队工作。

其次，良好的心态和人格魅力都是一个领导者必需的。良好的心态和人格魅力，换而言之就是当下所说的"正能量"。领导者的影响力是极大的，他的一举一动举足轻重。而他的情绪和工作状态也会直接影响到团队成员的情绪和状态。如果一个领导者只有负能量，没有自信，怨天尤人，不断抱怨，发脾气，那么他所带领的团队会是怎样的呢？答案是整个团队必然是充满着负能量的，什么事情也做不好。

再其次，领导者的威信直接影响到领导质量和效果。优秀的领导者必须树立自己的领导威信，才能让下属服从听命而又信任。如此一来，带好团队就容易得多了。得到下属的尊重和信任是一个领导者施展其能力的基础，也是领导者能够做好领导工作的重要保证。

最后，作为一个领导者，要想带好团队，必须有这些能力：运用好权力、有一定的沟通能力、辨识人才和因事用才、会指挥、会协调、有应变能力和学会充分发挥团队力量的能力。在工作的过程中，会出现各种各样的问题和变故，领导者必须拥有比常人更多的能力才能站在领导的位置，必须有解决问题和应对变故的能力。没有一个好的领导是什么都不会的，他们拥有优秀的应变能力。

由此可见，带团队是一种大智慧，更是一门大学问。

《不懂带团队，你就自己累》从角色认知与定位、领导魅力和领导能力等众多方面一一阐述了如何去带团队，让自己在轻松工作又高效地为企业获得最大利润的同时，又能够和下属营造出良好的工作关系和工作氛围。读者既能从中感受到领导科学理论的震撼性，又能体会到领导艺术的感染力。全书语言平实凝练，贴近实际，通俗易懂。认真阅读本书，每一个追求卓越的领导者和管理者都能够从中得到有益的启发。

虽然管理能力没有速成的秘诀，但却可以通过科学的学习和实践来不断提高。一些人成功并不是因为他们有超乎常人的智慧，而是他们正确地选择了对自己最合算的增值方法，即借鉴他人的经验，运用他人的智慧来帮助自己成长，不断丰富自己，逐渐缩短与成功的距离。

2018 年 8 月

目 录

扫码点目录听本书

第一章　管理角色认知与角色定位

管理者的角色扮演／002

领导者，船长？船主？／005

领导与领导活动／009

领导与管理的区别／020

做问题的终结者／026

第二章　领导力是一种力量

领导者建功立业要靠权威／032

构成领导权威的两项要素／035

用心维护自己的信誉／038

为事业拼尽全力／041

用行动说话 / 042

用业绩服人，有业绩才是硬道理 / 043

第三章　领导者的用权智慧

领导者的五项权力 / 046

领导者的智慧之一——集权 / 052

领导者的智慧之二——分权 / 053

领导者的智慧之三——授权 / 055

勇于授权，不怕失权是优秀领导者的素质 / 063

第四章　时间管理：张弛结合是用权之道

化繁为简：提高利用时间的效率 / 066

委托权限：领导者如何分身／069

记录时间都被用在何处／072

充分利用"高效时间"／075

第五章　知人善任，人尽其才

用人的基本要领与原则／078

必须警惕的用人误区／082

用人要用其特长／088

用人要善于委派任务／094

提高员工的忠诚度／101

领导者如何肯定和赞扬下级／110

表扬既要突出重点，又要顾及全局／112

第六章　制定目标科学考核,管好人就能成事

　　有目标才能有的放矢／116

　　学会对各项工作进行检查／117

　　没有监督就没有落实／120

　　领导者工作检查与总结的艺术／122

　　管人要用制度说话／125

　　制定有效的规章制度／129

　　把员工的行为统一在制度的约束下／132

第七章　打造一支卓越的团队

　　企业如何塑造团队精神／136

　　为团队制定有挑战性的目标／141

让团队成为永不知足的学习机／143

团队构建的技巧／147

重视团队的情感互动／158

妥善解决团队冲突／160

第八章　协调的艺术：高效沟通

善于解决部门间矛盾／168

解决矛盾采用正确的技巧才是真理／171

化解与下级冲突的柔性技巧／172

领导者应学会适当让步／175

"冷处理"与"热处理"／176

掌握好紧迫与松弛的界限／178

领导团队成员之间的协调／180

第一章
管理角色认知与角色定位

扫码收听全套图书

扫码点目录听本书

管理者的角色扮演

每个初登领导者宝座的人都认为自己已经成功了，但事实上，这并不能代表成功，它只是一个开始。

成为领导者并不意味着从此可以高枕无忧，因为一旦成为领导之后，你必须致力于赢得团体成员的接纳，并发挥你潜在的影响力。"一只绵羊带领的一群狮子却敌不过一头狮子带领的一群绵羊。"堪称经典的商界名言几乎是一针见血地点出了领导力对一个企业发展的重要性。

管理者在管理过程中是深思熟虑的、有条理的规划者。富有成效的管理者没有常规性的具体职责要履行。

企业管理者大多数都身兼管理者与被管理者的角色，首先应该对自己的性格、偏好有清晰的认识，再者需要与工作团队、与领导、与下属有深度的沟通，了解企业对这个管理者职位的定位和期望。

企业管理者要构建和谐团队，首先就要认识管理者这个角色。

从传统理论上讲，管理者的职责无非是计划、组织、协调、人事、控制，管理者的工作就是通过管理所属员工实现组织目标。但更多的实践证明，管理者的成功关键在于领导。以人为本，激励士气，营造氛围，以有效实现组织和员工双赢为目标，这才是管理者应担当的角色。

1. 管理者首先是个人力资源经理

对基层管理者来说，本人承担部分或是关键部分的业务工作，这是合情合理的。但管理者必须关注和解决人力资源的问题：部门有职位空缺需求时应招聘什么素质类型的员工，现有员工的素质是否适应工作需要，如何培训和提高适应需要但尚不足以胜任的员工，如何评价员工业绩、能力和态度，怎样与员工有效沟通，如何帮助、辅导和激励员工。优秀的业务管理者会直接参与招聘、培训和考核工作。

2. 管理者应优化自身的管理风格

每个管理者具有不同的管理风格，有的倾向于集权、专权，要求下属绝对听命、服从；有的愿意倾听下属意见，愿意员工参与管理；有的以专业或知识树立权威，对员工施加影响；有的主动地与员工沟通，辅导员工心理或专业知识、技能。对IT 行业而言，优秀管理者的管理风格通常表现为亲和、民主、权威等，而不是命令、强制等。管理者的管理风格直接影响到一个部门或团队的氛围，不同的管理会形成截然不同的组织氛围，或沉闷、混乱、松散，或活跃、明晰、紧密，或士气低落、消极，或士气高昂、积极向上。其最终决定了组织的绩效和目标实现。因此，管理者应不断提升自我，优化自身的管理风格，以利于营造良好的组织氛围。

3. 管理者应善于甄别、辅导和使用员工

每个公司、每类职位对员工任职要求的素质类型和标准是不同的。管理者首先要了解公司、职位的素质类型和标准，以此作为评估、甄别员工的根据，比如商务类基层职位，除了基

本的专业知识、技能和经验外，更重要的是要求员工必须具有顾客意识、主动性、分析思维、灵活应变能力和信息收集能力等。能否做好工作，很大程度上取决于员工的素质类型和特点是否与职位要求相一致。不适合的员工，即使投入再多的精力加以培训和辅导恐怕也无济于事。管理者不应该重演"乌龟和兔子赛跑"的故事，要甄别出松鼠和袋鼠，让松鼠爬树、袋鼠跳远，这样各自才能发挥所长、乐得其所。对不适合现职位的员工，管理者应在充分沟通的前提下，将其另行安排、使用。对那些合适但仍不胜任的员工进行有针对性的辅导，提出具体改进意见并实施改进计划。

管理就像放风筝，而管理者就是一个风筝操纵者的角色，被管理者就相当于风筝，中间的那条线就是管理的方式了，包括组织结构、绩效管理等。线粗了，风筝飞不起来；线细了，风筝又容易挣断。同样，组织结构过于繁杂、臃肿，组织就无法高效运作；如果太简单，就可能失控，也达不到预期效果。对于放风筝，我们的目的是使风筝能顺利地飞起来，这需要有三个条件：一是要有合适的天气；二是要有好的设备（如风筝、线等）；三是要有放飞的技巧。第一个条件是环境问题，我们不能改变，只能选择和适应；第二个条件是硬件问题，不难达到；第三个条件是风筝能否放好，关键在于操作技巧，其作用在于能将环境、硬件、人等因素协调、平衡起来。这就是管理。

管理的艺术就在于平衡。任何经营农场的人都懂得平衡之道，即以平衡的方式整合所有必要的生产要素，使它们能以最小的投入而获得最大的输出。像一个保持长期发展的农场一样，企业的生产效率就是平衡的生产要素整合体所能提供的最大输出。 为了保持和改善企业的生产要素，就需要不断地改善人力资源，特别是管理人员的素质；需要不断地改善硬件；需要不断地完善企业文化，使它们充满创新和改革的活力。

主管、部门主任、经理等这样的头衔可能会为你带来意想不到的问题与困扰。 毫无疑问，你将会很快感受到来自周遭的嫉妒，或是因为他们得不到你这个位子所产生的敌意。 同样，你也可能会感受到团体成员和你的相处发生着微妙的改变。 一些几个星期前还是朋友的人现在好像开始避着你，不愿你加入他们的午餐阵营。 一些则表现出怕你、防你的态度，不愿和你讨论问题。 于是，你可能会发现别人只是对你做着一些表面功夫。 这就无怪乎你在推行新计划或提出建议时，会遭到别人顽强的抗拒或抵制。

当一个人成为领导之后，和团体成员间的关系几乎不可避免地会发生很大的变化。 先前把你当成朋友的同事现在突然改变对你的态度，这种改变显示出你"高高在上"，他们"在你之下"，他们必须"向你报告"，而你是"掌管一切"的人。 立场的不同将带来不一样的行为模式。

领导者，船长？船主？

放眼四周，成功的企业家不少，但惨淡经营、苦苦挣扎甚至倾家荡产的企业家亦不在少数，同样的政策、同样的环境、同样的教育、同样的文化，为什么有的人成为富豪，有的人却艰难度日，原因在哪里？

为什么有那么多的企业不成功，其实它们的基础即使与联想、海尔这样的成功企业相比也差不到哪里去，然而它们却没有成功。原因是多方面的，这里借用海尔总裁张瑞敏讲过的一句话来说明问题："如果把企业比作一艘船，一般领导者都把自己当成是舵手、船长，而真正的企业领导者应该是这艘船的设计者和拥有者，是船的真正主人，是船主。"

管理学家彼得·圣吉也说："企业这艘轮船最重要的，也是最容易被忽视的角色是设计师。设计师的影响力是无与伦比的。如果船长下令向右转舵30度。而设计师所设计的船只会向左转，或花6个小时才能完成转舵，船长还能发挥他的功能吗？如果组织的设计不良，担任这个组织的领导者必将徒劳无功。尽管轮船设计师的角色如此重要，但是很少有管理者在思考领导者的角色时想到这一点。"所以，企业的领导者不应该仅仅把自己当作舵手或船长，而更应该是这艘船的设计者，是船主。什么是船主意识？船长的责任是管理好船上的一切事务，把船安全地驶往目标港口，而船主则是在此基础上，把这条船视为自己生命的一部分。并且，开船需要有很专业的知识，如果船主水平有限，又想让船队发展壮大，就应该放手，请人做船长，自己则把握大方向。当然，也有人不是自己不会开，而是不想自己开，于是也请了船长，然后是大副、二副、轮机长、水手等人员。船要出海了，船主有上船跟着出海的必要吗？当然，船主可去，也可以不去。在这个出海的船上，船长、船员一个都不能少，就是可以没有船主！

新疆第一窖古城酒业有限公司（以下简称古城酒

业）坐落于天山北麓、准噶尔盆地东南部"新疆第一窖"之源地——国家级产粮大县、古丝绸之路的名镇——奇台。

古城酒业自1952年成立以来获得过各项荣誉，早在1993年就被中华人民共和国国内贸易部评为"中华老字号"企业；2001—2004年，古城牌系列酒被自治区消费者协会认定为推荐商品；2001年7月，古城牌系列产品成为申奥庆功酒，金秋10月"古城老窖"沐600年风雨，被新疆酒文化、酒市场研究中心认定为"新疆第一窖"；2004年，古城酒业被国家旅游局批准为新疆第一个工业旅游示范点，几年来接待中外游客10万余人。

这一切荣誉的获得，离不开古城酒业董事长周文贵的战略思想。掌舵古城酒业的12年，他以其大智大勇、文武兼备、沉稳练达、永不言败的企业家和学者的儒雅风范，让一个连续10年亏损、债务多达4000多万元、负债率达98%、濒临破产的国营老厂重新焕发出活力。

为什么周文贵能把古城酒业从破产的边缘救出，并实现古城酒业的崛起和复兴？很大一部分原因，就是他能很清楚地认识自己在企业中担当的角色。在他看来，自己是企业的船主，而非船长，他的思想、他的言行、他的智慧影响着整艘船的前进方向。既然是船主，周文贵觉得为企业制定明确的、振奋人心的、可实现的战略和愿景，对于一家企业的长远发展来说，其重要性更为显著。因为一个企业最多的工作就是那些中间环节，是日复一日的、琐碎的经营管理活动，这些具体的工作都有专人负责，用不着老总亲自去做。 老总是管大事的，一句话，老总就是要绘蓝图、定战略、建班子、育人才，把握企业的大目标与大方向，安心地做一个提供船只的船主，至于其他细节的执行，由其他专门的人负责就行了。

正是因为这种船主的思维，周文贵将古城酒业这艘大船的重新远航与历史渊源、西域丝路酒文化相结合，制定了"走文化路，做文化酒"的思路，要把古城酒业打造成新疆第一文化名酒。 2007年11月，古城老窖、新疆第一窖荣获"中国文化名酒"和"中国历史文化名酒"称号；2009年再获"新疆著名商标"和"新疆名牌"称号。 周文贵的文化营销的战略，使古城酒业走在了新疆同行的前列。

的确，领导者通常做管理在行，可做起具体业务来未必比手下的人更出色。 退一步讲，即使你对某个下属的业务能力或忠诚度信不过，你大可以换人。 所以，具体问题应该让具体的人去操作、去执行，如大副、轮机长什么的，各司其职。 倘若船主总是纠缠于琐碎的日常工作，去干大副、轮机长分内的事，就势必顾此失彼、得不偿失。 领导者更应该像在直升机上，必须"俯视全景"。

"俯视全景""找准目标""宏观调控"才是领导者该干的事。 因此，在你为工作忙忙碌碌的时候，不妨停下来，冷静地分析一下眼前的情形，思考一下你的主要工作是什么，你的目标又是什么，你的工作和目标一致吗。 如果发现船偏离航道，相信你一定会庆幸地拍着自己的额头说："这都做了些什么呀！"

领导与领导活动

一、领导

1. 领导的定义

"领导"这个词可以是名词，也可以是动词。

名词性的领导是指领导者。领导者是担任领导职务的人。领导者的英文是 Leader，有领袖、领导、首领、最佳的人、首席小提琴手等含义，其主要内容是带头人的意思。凡担任一定领导工作的人，凡是团体和组织的带头人，统称为领导。

动词性的领导是指领导活动。领导活动是指领导者在一定的环境下，在一定的社会组织或团体内统率或指引被领导者为实现既定目标而进行的一种高层次的社会管理活动。

领导者、被领导者、领导环境是构成领导活动的三个基本要素。领导者与被领导者的关系是权威与服从的关系，环境是对领导活动产生直接或间接影响的因素。

2. 领导的象征

权力是领导的象征。领导就是象征着拥有和行使某种特定的权力。作为一名领导者，首要要有职有权，没有职务，没有权力，就不成其为领导。

领导者的权力来自组织机构正式授予的法定地位。任何一名领导者，或是由上级任命，或是由本单位群众推选，或是通过公开招聘的方式任职，一旦担任某一领导职务，就意味着拥有这一职务的法定权力。

权力是领导者统率、指挥和引导下属的先决条件，没有一定的权力，领导者就无法去统率、指挥和引导被领导者；领导者没有一定的权力，下属就不会服从领导者的指挥和领导。对领导者来说，没有权力，就不成其为领导，也无法实现其领导。权力对领导者极为重要，要求领导者既要有正确行使权力的能力和水平，又要树立正确的权力观，正确行使权力。真正做到：

第一，正确行使权力而不滥用权力，决不公权私用，以权谋私；

第二，依法行使权力而不乱用权力，依法行政，遵章办事，防止不给好处不办事、给了好处乱办事；

第三，自觉接受监督，严格自省自律，牢记权力失去监督就会走向独裁、专制、腐败的历史教训；

第四，努力提高自身综合素质，全面提升正确行使权力的智慧、水平和能力。

3. 领导的核心

领导的核心是负责，是承担责任。担任某种领导职务，就意味着要承担这个领导职务所应当承担的领导责任；拥有和行使权力，就意味着要承担与该权力相对应的责任。职位越高，权力就越大，责任也就越重。如果领导者没有尽到自己的责任，就意味着失职或渎职，就等于放弃了领导。因此，领导者不仅要有权力意识，更要有责任意识。领导者要敢于负责、乐于负责，要增强责任感和责任意识。

领导者要正确处理权力与责任的关系。权力是领导的象征，责任是领导的核心，有权就要有责，有责必须有权，权力和责任是不可分离的。没有不负责任的权力，也不存在没有权力的责任。如果领导者有责无权，就无法履行职务和开展工作，也无法负责且负不起责，出了问题也无法追究责任。反之，如果领导者只有权力，不负责任，就有可能随心所欲滥用权力，给所领导的工作带来混乱和损失，违背领导者的职业道德，是不称职的领导。从一定意义上说，责任比权力更重要，只有把权力和责任有机结合起来，具有很强的责任感与责任意识的领导才是好领导，也才能正确行使权力。在实际工作中，一定要确立权力与责任相统一、责任重于泰山的观念。在授权的同时必须明确应承担的责任，在明确所承担责任的同时必须授予相应的权力。出了问题，不仅要约束甚至罢免权力，而且要追究和承担责任。

4. 领导的实质

领导的实质是服务。邓小平明确指出，领导就是服务。毛泽东指出："我们一切工作干部，不论职位高低，都是人民的勤务员，我们所做的一切，都是为人民服务。"

为什么说领导的实质是服务呢？这一方面是因为领导者是由人民群众选举产生的，是反映人民群众意志和愿望的代表，是人民的勤务员，是为人民群众服务的公仆。因此，领导者无论职位高低和权力大小，其领导活动都是服务，即为群众服务，为人民服务，为组织服务。另一方面，是因为领导者的权力是人民群众授予的，它只能用来为人民服务，而不能以权谋私。因此，领导者应把权力用在服务人民身上，把行使权力的过程当作服务人民服务群众的过程。所有领导者都要有强烈的服务意识，要努力提高服务本领和做好服务工作的自觉性，时刻牢记领导就是服务的宗旨，真正做到把人民群众授予的权力不折不扣地用在为人民群众服务上。领导者要淡化权力意识，克服当官思想，消除官僚作风，强化服务意识。

领导者作为人民的勤务员、公仆，必须想人民群众之所想，急人民群众之所急，帮人民群众之所需。一切为了人民群众，为了一切人民群众，为了人民群众的一切，为人民群众排忧解难，为人民群众谋福利。对人民群众要满腔热情，为人民群众服务要全心全意。"各级领导干部都要牢固树立全心全意为人民服务的思想和真心实意对人民负责的精神，做到心里装着群众，凡事想着群众，一切为了群众。要坚持权为民所用、情为民所系、利为民所谋，为群众诚心诚意办实事、尽心尽力解难事、坚持不懈做好事。"我们是社会主义国家，各级领导者不能高高在上，脱离群众，不能对群众摆架子、耍威风，更不能愚弄群众，视群众为阿斗，把自己当圣人。

5. 领导的特点

（1）系统性。作为动词性的领导，是一种领导活动，领导活动是一个社会组织系统。由领导者、被领导者、领导环境三个要素构成领导系统或领导生态。在领导活动这个社会组织系统中，领导者是处在组织、决策、指挥、协调和控制地位的个人或集体。在领导活动中，领导者处于主导地位。被领导者是按照领导者的决策和意图，为实现领导目标，从事具体实践的个人或集团，它构成领导活动的主体，是实现预定目标的基本力量。 领导环境是指独立于领导者之外的客观存在，是对领导活动产生影响的各种因素的总和。 在领导活动的社会组织系统中，领导者与被领导者的关系是权威和服从的关系。 领导者只有正确认识领导环境，适应领导环境，利用和改造领导环境，才能带领被领导者实现自己的预定目标。

（2）动态性。 领导是一个动态的行动过程，决定领导有效性的因素有三个方面：

第一，领导过程的主体——领导者，如领导者的个性、素质和所采用的领导方式等；

第二，领导工作过程的客体（相对领导者而言）——被领导者，如被领导者的知识、能力、工作特点和成熟程度等；

第三，领导工作所面临的客体——环境，如领导体制的类型、企业组织和规章制度的健全程度等。

领导工作的有效性就是上述三方面因素动态平衡的结果。

领导的有效性是一个变量，它是领导者、被领导者、领导环境这三个变量的函数。

一切领导方式、方法都以时间、地点、条件为转移，始终处在不断发展变化中，从来没有绝对好或绝对不好的固定的领导方式与方法。

（3）权威性。 领导意味着权威。 所谓权威，是把一部分人的意志强加给另一部分人，它是以服从为前提的。 权威是有威望的权力，领导权威表现在领导者与被领导者的关系上，它既反映领导者的权力和威望，也反映被领导者对这种权力和威望的认可和服从。 权威意味着服从，没有权威，领导工作便无法正常有效进行。 作为领导者，一定要以自己高尚的人格魅力、高水平的领导能力和高超的领导艺术树立自己崇高的领导权威；作为被领导者，则要自觉维护和服从领导权威。

6. 领导的性质

（1）领导具有双重属性，即自然属性和社会属性。

领导的自然属性是指：只要人类需要共同劳动和生活，就需要分工协作，需要有人从事组织、指挥、协调和引导，这是所有生产方式中一种普遍的、共同的规律。任何领导都是社会组织中的一种特殊劳动，是社会管理中的一种高层次劳动，是领导者进行统率和引导的活动过程。因此，统率和引导是领导的最一般最普遍的属性，即自然属性，它存在于一切社会形态中，不因社会制度和意识形态不同而改变。

领导的社会属性是指：领导活动总是建立在一定生产方式之上，直接表现了某种特定的人与人之间的关系。领导者总是代表和反映着一定社会掌握领导权力的统治阶级与集团的利益，从而表现出鲜明的社会历史性和阶级性。领导作为服务，其服务对象总是有阶级性的。在资本主义制度下，领导权为资产阶级所垄断，领导自然要为资产阶级利益服务。在社会主义制度下，领导权是人民给的，因此，它必须用来为人民服务，而不能用来谋私，更不能为个别利益集团服务，这就是领导的社会属性或阶级性。

在领导的两重属性中，社会属性占据主导地位，领导的自然属性从属于领导的社会属性。社会属性对领导关系具有重要的特殊意义。

（2）正确把握领导双重属性的意义。领导的自然属性表明，古今中外的领导活动和领导工作，有着普遍的共同规律，我们可以借鉴古今中外的领导方法和领导艺术来提高领导水平和领导效能。 应鼓励各级领导按照"古为今用，洋为中用"的方针，遵循"取其精华，去其糟粕"的原则，大胆学习和借鉴我国古代的、西方的领导思想、领导方法和领导艺术，以提高和提升自身的领导素质和领导工作水平。

领导的社会属性表明，领导活动和领导工作具有鲜明的阶级性，社会主义国家的领导者必须坚持全心全意为人民服务的宗旨，确保领导工作的社会主义方向和性质。 无论是对我国古代的领导思想，还是对西方的领导理论，都不能照抄照搬，更不能整体移植，而应有所选择，批判借鉴和择优继承。

二、领导活动

1. 领导活动的产生

人类社会的领导活动由来已久，从古到今从未断过，原始社会的酋长、部落联盟的领袖就是最初的领导。 从领导学的角度讲，第一个发出"杭育杭育"劳动号子声音的人，就是人类历史上最早最原始的领导者。

从领导科学产生的历史条件看，领导是一种行为过程，是由直接的社会活动和共同劳动引起的，并随人类社会活动的进步而不断发展。 随着生产力的发展，人类共同劳动的领域越来越广、规模越来越大，人类社会活动的内容也越来越丰富、复杂。 人类社会活动的存在和共同劳动的进行，必然要产生组织、指挥、协调、监督等活动，这也就决定了人类社会必然要产生领导者与领导活动。

随着社会生产力的巨大发展和科学技术的不断进步，领导者所面临的对象是规模巨大、因素众多、联系广泛、变化迅速的各种社会问题，只凭个人的智慧、才能和经验实施领导已无法适应了。 于是，运用先进的思想和科学的方法来研究并揭示科学领导的规律，就成为时代的要求，领导科学便随着人类领导活动的发展应运而生。

2. 领导活动的历史演进

（1）人类社会领导活动演进的历史轨迹。 人类社会的领导活动演进的历史轨迹经历了一个否定又否定的演进过程，即从原始的平等、集体领导方式到个人专制、充满阶级剥削和压迫关系的领导方式，再到社会主义新的平等关系、集体领导方式。

人类社会每一时期的领导活动，总是受当时物质资料生产方式、社会政治关系、科学文化水平等因素制约的。 虽然领导活动伴随着人类社会的始终，但在不同社会条件下，领导的性质和表现形式却不尽相同。 人类社会最初的领导活动产生于原始社会人类的共同劳动，并随着人类社会分工的发展而发展。 奴隶社会和封建社会的领导职能由生产资料的占有者行使，其领导活动属于经验领导，即凭借领导者个人的经验、知识和才干来实施领导。 其领导的实质是剥削阶级的专制统治，领导与剥削阶级的统治权力是紧紧结合在一起的。 科学领导产生于资本主义社会的社会化大生产时代，强调的是专家式领导。

（2）原始社会的领导活动。 原始社会是一个没有私有制、没有阶级、没有政党、没有国家的社会。 原始社会的生产力水平十分低下，与这种极端低下的生产力水平相适应的是实行原始公有制。 因为人们离开了集体，一个人就无法生存下去，人们必须以集体的力量同自然界做斗争（如狩猎活动）。 这就决定了当时人们必须共同劳动，共同消费。但我们还要看到，这种原始公有制是在以血缘关系为纽带的狭隘的社会集团里实行的。

原始社会的领导活动主要表现为氏族、部落首领指挥其他成员捕鱼狩猎，采集野果，分配劳动果实，主持祭祀活动，维护氏族、部落的利益与安全等。原始社会的领导活动实行的是集体领导方式，主要依靠传统的力量和首领的威信，并与图腾崇拜结合在一起。

原始社会的领导活动具有以下特征：

①领导活动具有直观性、具体性；

②领导者的地位是凭借其自身的品德和能力得到群众认可的；

③领导者与被领导者的社会地位是平等的；

④领导者是靠道德和自身影响力发挥作用的；

⑤重大决策由集体作出。

（3）以私有制为基础的剥削阶级社会的领导活动。以私有制为基础的剥削阶级占统治地位的社会，领导权被占有生产资料的统治阶级垄断。由于社会条件所发生的这一重大变化，因而其领导的表现形式和社会性质也随之发生了重大变化：

①领导者与被领导者的关系发生了根本变化，已由平等关系变为对立关系；

②在一个相当长的时期里，领导者已不再由群众选举产生，即使是选举，也为金钱和地位所左右和控制；

③领导者主要不是通过道德而是凭借权力和法律进行统治；

④社会重大决策已不再通过民主方式决定，而是由少数统治

者个人或统治阶级决定；

⑤许多领导者已不再直接组织社会生产和生活。

奴隶社会和封建社会，领导的职能一般是由生产资料的占有者行使，奴隶主和地主成为天然的领导者，领导的本质就是剥削阶级的专制统治，领导是与剥削阶级的统治权力紧密结合在一起的。当然，虽然同属剥削阶级社会，但资本主义社会的领导产生方式、领导方法、领导方式等方面，与奴隶社会和封建社会的领导还是有一定差别的，形式上表现得更为民主和进步，对被统治阶级更具有欺骗性。

（4）社会主义社会的领导活动。社会主义社会的领导是一种更高层次的领导。由于社会主义社会是建立在生产资料公有制和劳动人民当家做主基础上的新型社会，这就决定了社会主义领导活动具有不同于私有制为基础的剥削社会的领导活动的特征：

①领导者与被领导者的关系是一种完全平等的关系；

②领导者是由群众公认的那些德才兼备的人来担任，通过民主程序产生；

③领导者在进行领导工作时，主要依靠个人影响力的统御权来进行领导，坚持民主集中制的领导原则，重大事情由集体讨论决定；

④领导者是人民的勤务员、社会公仆，其宗旨是为人民服务。

3. 当代领导活动的发展趋势

（1）集团化趋势。在小生产时代，政治上实行的是君主专制，"朕即国家"；经济上实行的也是专制的家长制。今天，众多领域的领导已不再是一个人，而是一个集体，是由软专家组成的集团。

在西方经济领域中，发展充分完备的股份制公司，由于股权的分散化，劳工和非股东专家进入决策集团，使得任何个人企图控制企业、实行个人说了算的家长统治几乎是不可能的。美国通用汽车公司的股东有 100 万人，但最大的股东也只占有总股的 1%。日本松下公司创始人松下幸之助拥有公司的股票也不超过总股的 3%。在这样的组织内，领导的集团化不只是趋势，而且是现实，这为决策的民主化、科学化提供了可能。

（2）民主化趋势。现代领导集团和传统的个人领导的界限，不是简单的人数多少问题，而是集团内部权力如何分配的问题。权力垄断、权责脱节是专制统治的根本特征，而权力分享、权责一致是民主体制的特征。政治领域立法权和行政权的分离、经济领域的企业"分权事业部制"以及民间咨询机构的出现，是民主制的发端和主要表现。

民主化趋势的另一表现是监督的独立化。现代的监督机构不仅独立于决策机构之外，而且是平行的，甚至地位更高。20世纪 40 年代兴起的系统论、信息论、控制论，尤其是控制论，为监督独立化提供了新理论、新视角、新思路、新方法。除了独立的监督机构以外，还有社会舆论、消费者、政府部门和相关法律的监督。因此，平行监督、外部监督和信息透明是监督独立化的表现，是当代领导活动发展的重要趋势，也是维持组织稳定、长治久安的重要手段之一。

（3）科学化趋势。科学化趋势是相对于传统的经验领导而言的，表现在两个方面。

一是遵循严格的程序。 无论是制定决策还是实施决策，都有一定的程序。 西蒙就是由于自己对"决策程序的创造性研究"而获得诺贝尔奖的。 把决策划分为四个阶段，即信息、咨询、决断、审查。 西蒙认为，四个阶段可以交叉，但总的过程是有先后的，不得任意颠倒。 严格的决策程序是决策科学化的重要内容，而先定性后查证，边设计边施工等都是不科学或反科学的。

二是运用科学的理论、技术和方法。 如运筹学理论与运筹学方法。 决策过程的各阶段还有相应的信息理论与方法、咨询理论与方法、决断理论与方法。 如同样是调查研究，只是方法不同，获得的信息可以完全不同。

领导与管理的区别

一、领导是高层次、战略性和超脱型管理

"领导"与"管理"既具有密切联系，又具有重要区别。从广义角度说，领导与管理是等同的，都是人类共同管理活动的驾驭与控制。 从狭义的角度讲，二者又有较大的区别。 领导是领导者为实现一定的目标，统率和指引被领导者的社会管理活动。 管理是为了实现一个确定目标，对人力、物力和其他资源进行整理和处理的过程。 领导既具有管理的一般属性，同时又具有高于管理的特殊性。

1. 领导是高层次管理

从一定意义上说，领导也是管理。但管理有高层、中层和基层之分。基层管理是微观管理，直接管理具体的人、物、事，它一般按常规办事，执行上级决定的具体任务，独立性不大。高层和中层管理就是宏观和中观管理，一般不直接管理具体的人、物、事，主要处理带有方针、原则性的重大问题，独立性较大。在领导与管理的区分上，一般把上层和中层管理视为高层管理，领导就是高层管理。

2. 领导是战略性管理

领导也是管理，但领导不是微观管理，而是战略性管理。也就是说，领导侧重于大的方针的决策和对人与事的统御，强调通过与下属的沟通，激励其实现组织目标，领导追求组织乃至社会的整体效益。管理则偏重于执行决策，强调下属的服从，组织控制实现组织目标，侧重于追求某项工作的效益。

3. 领导是"超脱型"管理

领导也是管理，但领导不是日常事务型管理，而是"超脱型"管理。领导重在决策，主要从根本上、宏观上把握组织活动。一方面，领导不要陷入烦琐的事务中，不要事无巨细，事必躬亲；另一方面，领导主要依靠权威、威信而发挥引导和影响作用，不能主要依靠强制性的权力。总之，领导侧重于大的方针决策，面向全局、面向未来；而管理侧重于执行决策，侧重追求某项工作的落实。

二、领导不同于管理

领导既是管理，又不同于管理。 领导同管理作为两种不同的社会行为和社会活动，有着重大区别。 概括地说，领导重在决策，做正确的事；管理重在执行，正确地做事。 领导带领组织变革，管理需要适应变革。 领导能力可为组织发展提供活力和动力，管理能力只能在维持现状的情况下发挥作用。 领导更多地关注组织的变革和持续发展的动力发掘，管理只是在固定的流程上按一定的程序进行活动。 具体来说，领导同管理有七个方面的区别。

1. 侧重点不同

管理强调"机械的效率逻辑"，而领导强调"有机的情感非逻辑"。 虽然管理与领导在理念层次上都追求效率、效益的提高，但管理更注重具体的生产过程中的工时研究，注重正式的规章制度，强调刚性；而领导注重领导者对人的影响和引导，重视人的需要、情感、兴趣、人际关系的社会属性，强调柔性，注重激励和激发人的内在潜能和积极性。

2. 功能不同

从功能上讲，管理重在维持秩序，而领导重在推动变革。

良好的管理很大程度上能在企业的主要领域形成特定的规律与秩序。 也就是说，管理文化强调理性、控制。 无论其精力是集中于目标、资源、组织结构还是人员，管理者都是一个问题的解决者。

领导则截然不同，它不是带来秩序与规律性，而是带来组织的运动。 其核心方法和过程包括确定组织战略方向、联合群众、鼓励和鼓舞。 也就是说，领导仅仅是提出问题，并非完成其使命的实践者。

3. 行为方式不同

对于决策和制定议程来讲，管理的行为方式是计划、预算过程，而领导的行为方式则是确定长远的方向、战略，实行变革的过程。

对于执行过程中的人际关系来讲，管理的行为方式是根据完成计划的职责和权力，制定政策和程序对人们进行引导，并采取某些方式或创建一定系统监督计划的执行；而领导的行为方式则是联合群众，宣传，形成影响力，使相信远景目标和战略的人们形成联盟，并得到他们的支持。

对于具体的执行过程来讲，管理的行为方式重在控制和解决问题；而领导却重在激励和鼓舞。

对于执行结果的评估来讲，管理旨在维持已有的成果，维持既定秩序；而领导则引起变革，打破原有的格局，使组织创新，更加适应环境。

4. 对主体素质的要求不同

领导与管理已经成为相对独立的系统，其功能、行为方式有很大的区别，因此领导与管理主体的素质也有很大的区别。

管理要求正确地做事情，知道做什么，有对任务的看法，习惯从里向外看世界，喜欢高高在上，知道说什么，喜欢得过且过，行动保守，受约束驱动，关注做错的事情，等等。

领导则要求做正确的事情，知道如何做，有关于任务的愿望，习惯从外向内看事情，喜欢深入第一线，知道如何说，对生活充满热情，受目标驱动，关注做对的事情，等等。

5. 价值取向不同

在对待目标的态度上，管理者往往倾向于以一种不带个人情感的方式对待；而领导则为了改变行为模式，应对变换的环境和变革，往往持积极大胆的态度。

在对工作的看法上，管理者倾向于将工作视为一种授权过程，在限制中进行选择；而领导则力图开拓新思路，开启人们新的选择空间。

在对待人际关系上，管理者乐于和他人一起工作，避免单独行动所带来的不适，乐于共事，看待问题较少情绪化；而领导者则带有极强的自主性、独立性和极强的艺术性。

6. 着眼点不同

管理强调维持目前的秩序，它的价值观建立在一个假设前提上，现存的制度、法规是至高无上的。制度和法规的存在就是为了规范人们的行为，使其不出问题、不出差错、不折不扣地服从命令，完成组织交代的任务，这就是优秀的管理。我们常说"要加大管理力度"，其原因何在？就是害怕失去了秩序。然而秩序并不是我们追求的目标，这是管理的误区。

霍斯特·舒尔茨和凯文·戴门德认为：领导的精华在于对前景的不断关注。这说明领导不同于管理，领导强调未来的发展，其价值观可以这样描述：通过社会经济的持续增长，更好地满足人的需求，完善人格，提升人性，实现人生的价值。 所以，管理过度将会导致墨守成规，强调短期利益，侧重回避风险，从而扼杀了组织的生机。 只有领导有积极进取的精神，才能重新给腐朽的组织注入新的活性因素，催发其生机，与时俱进。

7. 对员工的态度不同

由于管理者追求的目标是秩序，同时，权力基础非常脆弱，所以管理者总是喜欢控制员工。 在管理者的眼中，最好的员工就是听话、少说少想、多做。 无论中国还是外国，规律一样存在：越是无能的管理者，越喜欢老实的员工。 这是因为老实的员工容易控制。 可是，容易控制的员工也是缺乏创新和成绩的员工。

领导者偏爱有才能、有想法的员工。 有才能、有想法的员工本身掌握了较多的有价值资源，从而也就拥有了权力，这似乎会对领导者的权威构成冲击和威胁，但是，深入地进行分析，我们就会否定前面的怀疑，领导者并不想通过行使权力获取私利，员工的地位越高，权力越大，也越有可能认同领导者的宏伟愿景，这不仅不会削弱领导者的权威，反而会使领导的权威得到强化和放大。 领导者认为，有才能、有想法的员工创新能力强，潜力大，能够积极地、主动地实现共同的目标，可达到事半功倍的效果。

做问题的终结者

在一个企业内，有问题的制造者、问题的发现者、问题的传递者、问题的分析者以及问题的解决者。当然，我们谁都不想当问题的制造者，也不想当消极问题的传递者，大多数人喜欢做问题的解决者，即便解决不了，大多数人也愿当问题的分析者。但作为领导者，一定要做问题的终结者。也就是说，无论问题是别人发现的还是你自己发现的，无论问题是别人制造的还是你自己制造的，问题到你这里都要画上句号，将问题彻底终结，而不是继续扩大、传播和引爆。

美国前总统杜鲁门有句名言："问题到此为止！"一般来说，员工都有自己解决问题的能力，除非是在他们能力范围之外的问题，他们才会求助管理者。这时候，当员工捧着问题来找你，管理者一定不要"再踢皮球"了，竭尽全力帮助员工将问题终结掉。

海尔有一句管理名言：管理的本质，不在于知，而在于行。意思就是说，做管理不应该说得多行得少。管理者的能力体现在哪里？体现在"行"上，即"解决问题"的能力上。

一切管理活动都是围绕"解决问题"的终极目的展开的。管理者在管理活动中，无论是发现问题、认识问题、分析问题，最终都是围绕解决问题而进行的，解决管理中所遇到的各种问题才是管理的最终目的所在。

但可惜的是，很多管理者尤其是不称职的管理者在遇到问题时，第一时间要做的就是抱怨和推卸责任。要知道企业的管理成本是相当高昂的。当问题出现时，管理者应该立即行动起来，分析问题、解决问题，而不是推诿、扯皮，这样下属才能满意、客户才能满意。有了员工和客户的满意度，企业才会重用你，员工才能信服你。

还有一种不好的情况就是，当问题出现了，不少管理者都习惯于"先内部批斗，再解决问题"。这其实是一种最无效的管理方法。管理者一定要认识到：问题出现了，先解决问题，再总结和提高；指责、批斗，甚至打和骂是解决不了任何问题的。

解决问题的能力是作为一名管理人员必须具备的能力，缺少了这种能力，就不能称为合格的管理者。就像有些管理行家说的，管理者能发现问题是本事，能解决问题才是能力。只有具备了解决问题的能力，管理者才能真正体现出其在企业中的价值。

那么，管理者在工作中如何才能做到更好地解决问题呢？

要解决问题，首先要分清问题的分类。一般情况下，企业中出现的问题，按其发生的情况，可以分为四类：

（1）经常性出现的问题，有时会以个别问题的表象出现；

（2）虽然会在某一特殊情况下发生，但在本质上仍然属于经常性的问题；

（3）真正的偶发性事件，在出现过一次之后一般不会再出现；

（4）首次出现的经常性事件，这类事件容易被误以为是偶发性事件。

明白了问题的四大类型，我们再来说一下处理这几大类型问题的原则。作为管理者，在处理这几大类型问题时，除了第三类问题外，其他都需要制定通行的制度，以制度来作为例行解决问题的方案。而第三类问题则需要以具体问题具体分析的原则单独进行临时处理。

了解了解决问题的原则，我们就需要掌握解决问题的具体步骤，一般来说解决问题的步骤分七步。

第一，找出真正的问题。有时候我们所发现的问题，并不是真正的问题，而只是一个表面问题，如果只按照表面问题去解决，就会出现头痛医头、脚痛医脚的状况，而真正的问题还是会层出不穷。

要发现真正的问题，就要做全面的分析，最好是把事情写下来，清楚而客观地将事情摊开来看。宁可在发现真问题上多花点时间，也不要因为忙着解决问题，而结果却弄错了方向。

第二，找出解决方法，办法越多越好。在寻找解决问题的办法时，要多多益善，尽可能找出各种可能的解决方法，量大了，自然会有好的点子隐藏在里面。

第三，评估各种解决方法的利弊得失。各种解决方案，都有其利弊得失。把各种方法进行横向和纵向的比较，将解决问题的成效提高到最大。

第四，选定一个最有利的解决方案。如果以上三个步骤做得到位，那么这一步就很容易了。综合考虑各方面的因素，选择一个最有利的解决方案，也许这个方案不是最好的，但它的回报率绝对是最高的。

第五，拟订行动方案。 解决方案确定了，接下来就是将方案付诸行动。 在拟订行动方案时要确定好每个人的职责和分工，避免权责不清，难以考核。

第六，开始执行。 执行就是开始正式着手解决问题。 如果以上五个步骤彻底做好了，那么执行的时候就不会出现一大堆的问题。 相反，如果以上五个步骤做得马马虎虎，到执行的时候，就会问题一大堆，必要时还得重新评估、重新计划、重新执行，那可就真的得不偿失了。

第七，评估执行结果。 执行完之后，要评估结果与当初所期望的目标有多少差距，并总结在这个过程中做对了什么，做错了什么，为以后解决问题提供参考。

如果还有残余问题尚未解决的，那么就重新按照这七个步骤，把剩余的问题再做更彻底的解决。

当然，问题是多样的，有些问题会具有特殊性，这就要求管理者，在解决问题的过程中需要"脑筋急转弯"，变换一些解决问题的思维。

1. 逆向思维

在面对一个棘手的问题时，当我们顺着某一个思路不能解决的时候，不妨换一个思路，沿着事物发展的相反方向，用反向探求的思维方式对事物进行逆向思考，也许就会柳暗花明又一村。

2. 类比思维

类比思维方法，就是运用已有的知识、经验，将陌生的、不熟悉的问题与已经解决了的熟悉的问题或其他相似事物进行类比，从而创造性地解决问题。

3. 联想思维

联想思维方法是指人们在头脑中将一种事物的形象与另一种事物的形象联系起来，探索它们之间类似的规律，从而解决问题的思维方法。

4. 发散思维

发散思维又称辐射思维、放射思维，它突破原有的知识圈，对材料、信息能够从一点向四面八方扩散，沿着不同的角度、不同的方向，通过不同的途径或方式进行分析，找出更多的可能的答案或者是解决问题的办法。

第二章
领导力是一种力量

领导者建功立业要靠权威

解放战争时期，粟裕名义上是华东野战军的副司令员，实际上却是华野主要战役的指挥者。从苏中七战七捷，到苏北、鲁南、莱芜、孟良崮、沙土集、豫东战役，粟裕亲自指挥的大胜仗"一个空前接着一个空前"。巨大战功使他的非权力性领导力的影响远远超过了他的职位，在华野中，他的权威无出其右。1948年，中央任命他为华野司令员，这是实至名归的荣誉，但他却推辞了，只任代司令员。此后，他又先后指挥了济南、淮海、渡江等重大战役，同样也取得了辉煌战绩。

领导者事业的成功可以改变追随者对领导者先前的认识，使他们看到领导者的才能、力量、意志和韧性，从而使领导者的权威进一步增强。

古今中外的杰出领导者，其无与伦比的权威大多是由他们的丰功伟绩造就的。权威成就了领导者的事业，而事业的成功又使领导者的权威更加如日中天。

可以说，领导者的事业是充分展示其领导权威的舞台，而领导权威又有力地推动着领导者的事业。

总的来说，权威对于领导工作所产生的重要作用，大致可以概括为如下几个方面。

1. 领导权威是实现领导职能和组织目标的前提

领导者的根本任务是实现组织的目标。 在实现组织目标的过程中，领导者权威起着重大的激励作用。

有权威的领导者能够对下属形成强大的吸引力、向心力，从而促使他们产生巨大的工作动力，激励他们追随领导者去实现目标，并可使下属心甘情愿迅速地去执行领导者的指示，做到没有权威的领导者花几倍的努力也可能做不到的事情。 例如，拿破仑在发动"百日政变"时，没有放一枪一弹就轻松夺得了法国的政权。 这对别人来说肯定是不可思议的事情，可是拿破仑却做到了，最重要的原因就是他在士兵中享有崇高的权威。

所以，在领导过程中，一个领导者绝不能仅仅满足于自己手中握有对被领导者产生威慑力量的权力，而是要把自己在群众中树立起来的权威作为带领群众实现目标的主要手段。

2. 领导权威有利于推进组织变革的进程

现代组织是一个开放的系统。 在新的社会条件下，要想适应社会主义市场经济的发展，就必须进行改革。 然而，不论是观念、体制的创新，还是用工制度、组织结构的改革，都是一个破旧立新的过程，常常会触犯一部分人可能得到的利益。 在实行改革的过程中，领导权威对推进改革具有很大的作用。

如果实行改革的领导者具有较高的权威而且作风正派、大公无私、秉公办事，他的改革主张就容易被群众理解和接受。与此相反，如果领导者结党营私、利欲熏心、搞不正之风，那就会因为缺乏权威而引起广大群众的反感和不满，从而扩大相互间的心理距离。因此由他们提出的改革措施即使是正确的，也难以被群众理解和接受，严重的甚至会引起抵制和反抗。

3. 领导权威有助于融洽领导者与被领导者的关系

在一个组织内，由于领导者和被领导者之间所处的地位不同、所扮演的角色不一样，因此，他们思考和处理问题的角度和方法也就不一样，所以有时候产生矛盾和分歧是难免的。

有权威的领导者与被领导者之间的关系是融洽的，有时候即使产生矛盾，出现分歧，甚至出现过失，领导者也往往容易得到谅解。对于有权威的领导者，群众往往比较宽容，不去计较他们的一些过失。

4. 领导权威有利于招揽优秀的人才

人才是组织兴旺发达的根本。即使一个领导者的能力十分强，如果没有得力的四梁八柱为之支撑配合，仅靠自己单枪匹马去干是绝对不能做好工作的。

广泛招揽人才对领导者实现其领导职能是非常重要的。可是，领导者靠什么广招人才呢？优厚的物质待遇、舒适的工作条件当然是重要的，但其中最重要的还是一个领导者的权威问题。

毫无疑问，具有权威的领导者比起缺乏权威的领导者，对人才具有更大的吸引力。各种人才，特别是一些具有专长的优秀人才，更期望跟随一位能提供条件和机遇从而把自己聪明才智充分发挥出来、干出一番事业的有威望的领导者。

领导者的权威与职权有本质上的差别，职权是以法律、奖惩等手段来维护其尊严的，而权威主要是靠领导者的品德和能力等获得被领导者的信任来确立和维持的。 因此，我们可以说一个好的领导者，必定是一个具有较高权威的领导者。

构成领导权威的两项要素

传统观点认为，领导权威即通常所说的人格影响力（包括人格魅力等），其实这种说法是有失偏颇的。 根据是静态因素还是动态因素占主导要素，可把领导权威划分为人格影响力和榜样行为影响力两个方面。

1. 人格影响力

所谓人格影响力，是指在领导工作中，领导者通过自己优秀的品德素质、心理素质和知识素质对下属的心理和行为产生影响的一种力量。 在人格影响力的内部要素中，品德素质是人格影响力的基础。

构成领导者人格影响力的四大要素是：品格因素、能力因素、知识因素、感情因素。

（1）品格因素。 品格是指领导者的道德品质、人格、作风等，它体现在领导者的一切言行之中。 优秀的品格会给领导者带来巨大的影响力，使人产生敬爱感，而且能吸引人，促使人去效仿。 无论能力多么出色的领导者，倘若在品格上出了问题，那他的影响力就会荡然无存。 我们反对领导者以权谋私就是这个道理。领导者如果在公开场合讲得头头是道，而在私下却大开后门，搞不正之风，那么结果就是下属对这样的领导者往往只会做到表面服从，内心却是反感的。下属最讨厌的就是言行不一、表里不一的领导者。鉴于这个原由，领导者要十分注意培养自己的优良品格。

（2）能力因素。一个有才能的领导者会给组织或团体带来成功的希望，从而使人们对他产生一种敬佩感。一般情况下，人的才能是应该同他的职务相称的，这叫"人与事"的最佳匹配。但生活中的确存在一些位高才低的无能领导者。他们身居高位，但却在能力上名不符实，这种领导者处理事务慢慢腾腾，往往不能按时完成计划。除此之外，由于缺乏判断能力，他们还会经常做出错误的决定。这种领导者主持的组织或团体，与其他组织或团体在工作上无法协调，在这种情况下，势必会妨碍组织或团体各项业务工作的开展。所以，作为领导者，要努力提高自己的能力，做一名有真才实学的领导者。

（3）知识因素。知识是一个人最宝贵的财富，知识本身就是一种力量，是科学所赋予的力量。一个领导者如果具有某种知识专长，他便会对别人产生较大的影响力。领导者所拥有的这种权力，即所谓的"专长权力"。一个组织或团体的领导者除了具有行政领导权外，还必须掌握丰富的业务知识，这样才能正确地处理各类问题，使下属对此感到满意，这样一来，他在下属中便产生了影响力。这种影响力是超于职权之外的。总而言之，我们可以看出领导者在合法权利之外，充分发挥"专长权力"的作用，可以大大提高领导权威和工作效率。

（4）感情因素。感情是人对客观事物（包括人）好恶倾向的内在反映，如果人与人之间建立了良好的感情关系，便能产生亲切感。 人与人之间一旦有了亲切感，相互的吸引力就大，彼此的影响力就大。 领导者平时待人和蔼可亲，时时体贴关怀下属，与下属建立了融洽的关系，他的影响力往往比较大。 如果领导者与下属的关系比较紧张，就会拉大双方的心理距离。心理距离是一种心理排斥力、对抗力，当它超过一定限度时就会产生负的影响力。

一个组织或团体的领导者要将他们的意愿、工作目标变成下属的自觉行动，单凭合法权利是不够的，因为，即使领导者拥有了除合法权利以外的"专长权力"、职位权力，却没有感情影响力，仍然不能最大限度地发挥领导者的作用。 领导者要想使下属心悦诚服地为其所用，不仅仅要做到让下属在工作上听从领导者的指挥，更要在感情上能与被领导者融洽和睦、忧乐与共。

领导者良好的道德、品行、作风可对下属起到潜移默化的积极作用。 领导者的情感和能力，是人格影响力的关键。

2. 榜样行为影响力

除了人格影响力，榜样行为影响力也是一种非常值得重视的非权力性影响力。 什么是榜样行为影响力呢？ 它是指在领导工作中，领导者规范、有效的行为给下属提供一种值得学习和效仿的模式，使之在下属身上产生同样的心理和行为效应的一种影响方式。 社会心理学认为，下属可以通过耳闻目睹、侧面了解等方式，收集领导者发出的种种信息，结合自己的感受与体验，转化为自己的主观意识、态度，引起思想感情的变化，再由个体的主观意识、态度、情感外化为受意志控制的实践行动，向领导者的榜样行为所指向的目标发展。 这样效果下的领导工作会产生巨大的心理感召力，可以使领导工作深入人心，产生良好效果。

可见，人格影响力和榜样行为影响力作为领导权威的两个方面，它们的作用和影响力是有范围大小、强度高低的区别的。一般来说，榜样行为影响力是自发实现的，影响程度和范围相对较小。人格影响力则是自觉实现的，影响的程度深、范围广，不仅可以调适个体的心态，改变个体的行为，而且在一定程度上也可以对人群的行为心理起到一定的整合作用。

用心维护自己的信誉

鲁迅曾经说过："守信的人是最快乐的，诚实是最天真的。"信誉是做人之根本，人无信不立，有信誉的人更容易得到别人的信任，也可以获得更多的机会。但是现实中，有好多人只在乎眼前利益的得失，为了达到自己的目标便不惜牺牲自己的信誉，破坏了自己的形象，成为人人讨厌、远离的对象。想要给人良好的正面形象，拥有好人缘，得到别人的赞许，就必须用心维护自己的信誉。

元末明初著名政治家、文学家刘基的《郁离子》中记载了一个因失信而丧生的故事。古时候，济阳有个商人在过河时他的船沉了，他好不容易才抓住了一根木棒暂时脱离了危险。这时，他看见远处有个渔夫驾着小船向这边驶来，便大声地呼救，渔夫闻声赶来。商人着急地说："我是济阳最大的富翁，你要是救了我，我会给你 100 两黄金，以做答谢。"于是渔夫便把他拉上了船，送到了对岸。

上岸之后，商人觉得自己安全了，便翻脸不认账，只给了渔夫 10 两黄金。渔夫很生气地说他不守信誉，出尔反尔。商人却说："你一个穷打鱼的，一辈子才能挣几个钱，10 两黄金对于你来说就已经很多了。"渔夫没有办法，拿了 10 两黄金离开了。

几个月之后，商人的船又遇险了，一个渔夫看见了，要去救他，这时，上次被骗过的渔夫对这个渔夫说："他就是那个不讲信誉的人。"于是没有渔夫肯去救他，商人被淹死了。

济阳的这个商人，两次翻船都遇到了同一个渔夫，这是偶然的，但是商人不讲信誉的后果却是意料之中的。不兑现承诺，让渔夫对其失去了信任，所以当其再一次陷入困境的时候，没有人愿意出手相救，最后商人被河水无情地吞没。所以失信于人者，一旦遭难，只能坐以待毙。

北宋词人晏殊，以他的诚实信誉被人们熟知。

晏殊天资过人，14 岁时便被大家称为神童，于是有人把他举荐给了皇帝。皇帝这时正好亲自主持进士考试，就特别恩准他一同参加考试。晏殊发现考题是他曾经练习过的，于是就如实向宋真宗报告，请求更换其他题目。

小小年纪便懂得诚实守真，宋真宗非常赞赏他的这种品质，便赐他"同进士出身"。

当时正是北宋最繁荣、国力强盛的时期，京城的大小官员经常到郊外游玩或在酒楼茶馆举行各种宴会。晏殊家贫，无钱出去吃喝玩乐，只好在家中读书写文章。一天，宋真宗破格提升晏殊为辅佐太子读书的东宫官。大臣们惊讶异常，不明白宋真宗为何做出这样的决定。宋真宗说："近来群臣经常游玩饮宴，只有晏殊闭门读书，如此自重谨慎，正是东宫官合适的人选。"晏殊谢恩后说："我其实也是个喜欢游玩饮宴的人，只是家贫。若我有钱，也早就参与饮宴了。"

宋真宗见他如此坦诚，便也更加信任他了。

晏殊在皇帝和群臣的心目中树立了良好的正面形象，也让自己在官场平步青云。心理学家分析这个案例说：一个人诚实有信，自然得道多助，获得大家的尊重和信任。为了贪图一时的安逸和小利益，说到却办不到，失信于朋友，表面上你好像得到了实惠，但是这点小便宜却毁了你的信誉，信誉不存在了，你的利益也就会逐渐消失。所以，失信于朋友无异于丢了西瓜捡了芝麻，得不偿失。

周总理曾经说过："自以为聪明的人往往是没有好下场的。世界上最聪明的人是最老实的人，因为只有老实人才能经得起事实和历史的考验。"现在我们都忙于工作，如果把信誉投入到工作中，便是一种敬业的表现。敬业是一种人生态度，这种积极的观念很大程度上可以提高你做事的效率，让你在同事和领导面前树立好的印象，你的踏实努力，你的恪尽职守，让你的正面印象越来越好。

　　信誉是一个人最重要的品质，一个没有信誉的人，将成为人人排斥的对象。 没有信誉的人经不起时间的考验，也不会得到知心的朋友。 大家都希望和说到做到的人交往，讲信誉，别人才更乐意与你交往，才有可能在关键时刻帮助你。

为事业拼尽全力

　　领导者为了实现目标，往往会全身心投入到事业当中，甘愿付出时间和精力，冒一定的风险，为下属树立自我投入、自我奉献、自我牺牲的榜样。 领导者具备了这种作风会让下属充分感受到领导者的务实作风，并且能够为自己赢得良好的口碑和极高的威信。

　　这类领导者，总是将组织的指导准则置于工作的首要地位，并且努力以身作则。 对于已获得一致通过的事情，他们总是首当其冲地去做。 在努力达到目标的过程中，领导者以行动表明自己并非出于私利，而是出于对组织、部门、小组及其成员们利益的关心。 这类领导者相当看重组织的准则。 当领导者对组织的各项准则做出肯定时，实际上就是做出了许诺，这些准则将会连续贯彻下去。 同时，他们也是在暗示，自己会以身作则地遵循它们。 领导者通过自己的行为向其他人证明自己是认真对待这些准则的。

为了表明自己对理想、对目标的坚定信念和以身作则，实干型领导者往往身先士卒，以自己为榜样来激励追随者。休伯特·汉弗莱说："我们不应该一个人前进，而定要吸纳别人追随我们一起前进。这是每一个领导者必须做的。"这表明，身先士卒、以身作则的作用可以成为领导者的巨大影响力，因为领导者深深懂得，与自己并肩前进的人总是比跟在自己后面走的人更努力，也能跟随自己走得更远。而如果自己能够坚持走下去并带头行动，迟早总会有人与自己同行。

要想为下属树立榜样，领导者需要坚持道义的正确性，即便需要付出很大的代价，也不能放弃。

用行动说话

"行动比语言更有力"这个说法并不是什么深奥的道理，简单地说，就是少说空话，多做实事。也许正是因为太简单了，就往往会被许多人忽略。许多人太看重的是领导者的权力，他们关心的主要是"怎样让你服从我"，而不是"我应该怎样做才更具影响力"。形成影响力的一个重要因素就是领导者的行为。

当领导者的语言与行动不一致时，人们一般更看重行动，行动才能表明一切。这对领导者的意义是：你是一个角色示范，下属会模仿你的行为和态度。他们观察上级怎样做，然后照着模仿或适应上级的做法。当然，这并非意味着语言毫无用处，语言同样也可以影响他人。 但是，当语言和行动出现分歧时，人们更加注意和看重的是行动。

下属评判一个领导者的好坏时，更多的是看他的品格而不是看他的知识，更多的是看他的心地而不是看他的智力，更多的是看他做了什么而不是他说了什么，更多的是看重他的自制力、耐心和纪律性而不是他的天才。 如果领导者想营造一种和谐团结的道德氛围，就要确保自己言行一致。

用业绩服人，有业绩才是硬道理

崇祯16岁就当了皇帝，年轻有为，意气风发。他以雷霆般的手段清除了魏忠贤和客氏的势力，阉党之祸逐渐澄清，这样的政绩与康熙智除鳌拜相比，一点也不逊色，使得朝野上下精神为之一振。

与历代所有明君相比，崇祯的才德没有丝毫逊色之处。他极有政治手腕，心思缜密，果断干练，并且精力充沛。他工作勤勤恳恳，兢兢业业，任劳任怨，可以说是工作狂，比起他的那些不理朝政的列祖列宗来，简直就是完人。他从不近女色，对皇后忠心耿耿。有一次，手下给他选了几个年轻漂亮的官女，被他痛骂一顿赶了出去，说国家都到这种地步了，怎么还想到这些？除此之外，他还特别爱护老百姓。在最后命令吴三桂进京勤王的紧急时刻，仍然不忘嘱咐他弃地不弃民，自杀时在遗书中还念念不忘"勿伤朕百姓一人"。他本身也很简朴，经常粗茶淡饭，不讲究饮食。

如果崇祯能力挽狂澜，振兴大明王朝，且不论历史如何称赞，今人对他的评价肯定也不亚于秦皇汉武、唐宗宋祖。遗憾的是，崇祯虽然具有了成为明主的素质，却没有明主的运气，更没有明主的成绩。在持续的内忧外患、天灾人祸的情况下，崇祯最终也未能力挽狂澜，最终国破身亡。成功才是硬道理，后世的老百姓对崇祯的评价只可能是一句贬义的话："一个亡国之君罢了！"

成王败寇，这是古往今来永恒不变的道理。领导者在一帆风顺时也许体会不到，但到了失败之时，就会有深刻的体会。到那个时候，即使是乌纱帽还在，但自身的威信、上级的信任、下级的服从、同僚的掌声都将不复存在。

全球领导者的榜样杰克·韦尔奇这样说："尽管我们每一位首席执行官都有不同的风格、不同的方法和不同的手段，但是大家有一个一致的目标，就是要胜利，所以最好的事情就是胜利！"

打铁还需本事硬，成绩才是硬道理。领导者的业绩、政绩既是领导者能力大小的最好体现，也是衡量领导水平的主要标准。各种流派的领导学，林林总总的管理理论，其根本目的都是为了帮助领导者追求更好的工作结果。因此，领导者必须要想方设法增长才干，开动脑筋开展工作，以便做出更多更好的业绩。

第三章

领导者的用权智慧

领导者的五项权力

领导者的五项权力说认为，有五项权力是领导者所应具备的，即合法权、报酬权、强制权、专家权和典范权（人格魅力）。

合法权、报酬权、强制权属于职位权力，它产生的是权力性领导力；专家权和典范权属于个人权力，它产生的是非权力性领导力。

职位权力＋个人权力＝权威领导。

传统领导者的五项权力说中，职位权力被认为是领导的强权力，而个人权力被认为是领导的弱权力。现代领导者的五项权力说则相反，把职位权力看作是弱权力，权力是它的核心；把个人权力看作是强权力，素质和行为才是核心。因为，领导者不仅要靠组织上赋予自己的职位权力让人服从，更要靠专业能力和人格魅力等个人权力引人跟从。

权威不仅是职位权力的威望，更是非权力性影响力的威望。领导者的内力是典范权和专家权，柔性领导就是依靠这种内力建立的。

领导者的德行作风好比风，老百姓的德行作风好比草。风向哪边吹，草一定向哪边倒。为政以德，以身作则，是当好领导的首要前提，也是最重要的影响、领导下属的领导力。正如孔子所讲的"其身正，不令而行；其身不正，虽令不从"。

领导者的五项权力说及其内在的含义，为领导者智慧地运用好权力，实施卓越的领导，找到了支点和杠杆。一个优秀的领导者不仅要职位权力用得好，更要用好个人权力。

1. 合法权与报酬权

合法权和报酬权，特别是报酬权的运用是检验领导智慧的条件。

合法权是指通过一定的法定程序，在组织结构中依法获得一定位置，如高层、中层、低层，由这些位置形成的权力，就是合法权。领导者的个人素质直接关系到合法权的获得，这就是我们常说的一句话："有为才有位。"领导者行使权力的法定基础就是合法权。

报酬权，也叫奖赏权，是指领导者通过奖励的方式（金钱、晋升、培训学习的机会、工作环境和条件的改善等）来引导下属去做自己更感兴趣的工作，或者对下属的工作业绩做出奖励，这些都属于奖赏权的范畴。如果一个领导者能够带给别人积极的利益并使其免受消极的影响，那他就是在行使奖赏权。

善用报酬权也是领导者的一种智慧表现。

楚汉战争最后关头，项羽和刘邦要在垓下会战。韩信、彭越、英布却按兵不动，刘邦问张良："胜利后我准备把天下给分了，你看分给哪些人比较合适？"张良说："分给韩信、彭越、英布，彭越、英布本来是在楚汉之间摇摆的，他们现在倾向于汉，韩信本来就是您手下的，现独当一面，您若将土地分给他们，他们一定南下来合围。"刘邦依计，于是，调了几支军队，一举消灭项羽。

刘邦把"赏"的报酬权运用得很妙，与之相反，项羽就相形见绌了，舍不得也不懂封赏。韩信说："项王见人恭敬慈爱，言语呕呕，人有疾病，涕泣分食饮，致使人有功当封爵者，印刓敝，忍不能予，此所谓妇人之仁也。"刘邦是赏功罚过，项羽则是赏同罚异，在封十八家诸侯时，因为私人恩怨而漏掉了灭秦有功的田荣、彭越和赵国的陈余，结果田联合彭、陈及刘邦反楚，把天下搅得大乱。

2. 强制权

人们习惯于将领导与职位和权力联系在一起，一提领导活动，就很容易想到职位权中的强制性因素。虽然构成领导力的重要因素是强制权，但不是唯一因素，它不过是保障领导活动得以推行的最后一道屏障而已，太过于运用强制权，就是要权威，轻则容易伤害部属的自尊心，使人反感，挫伤感情，重则激起下属的反抗，甚至推翻政权。

秦二世胡亥有个谬论：尧舜禹这类人，过着奴隶、罪犯般的生活，是无能的表现，皇帝是天下的主人，有支配天下一切的权力，我就是要满足自己的欲望，如果自己的欲望都不能得到满足，又怎么能够治天下呢？秦二世穷乐之极，一日快乐敌千年，结果不久秦朝就灭亡了。

齐奥塞斯库 11 岁当童工，15 岁参加反法西斯革命，18 岁成为州共青团书记，47 岁当选罗共中央第一书记，后开始脱离群众，在认识上没有将自己和群众的关系摆正。1984 年罗马尼亚解放 40 周年大庆时，默许了"国父"称呼。一次集会上，匈人对齐氏讲话反应冷漠，齐氏不满，便加深了民族政策的错误，导致了三万多匈人逃往匈牙利避难。齐氏政权后期，对群众大加戒备，到政府机关办事胸前要别上"非本部工作人员"的标记，到处都是秘密警察。1989 年 12 月，为了制造声势，他在首都组织过一次支持政府的集会，但他的讲话遭来一阵阵嘲笑和奚落，此集会变成了反政府的集会。他知道自己大势已去，第二天秘密出走，在一个地方被当地农民和民兵捕获，在简单审判之后就被处决了，他葬送了自己一手缔造的社会主义国家。

上述两个案例，佐证了滥用强制权的恶果，领导者应以此为戒。

3. 专家权

由知识、技能、专长而获得的特殊影响力或产生的权威叫专家权。专家权是非权力性影响力。权力性影响力是外在的，一个人获得了职权就获得了权力性影响力。而非权力性影响力是内在的，是一种思想性和本质的影响力，远比权力性影响力广泛和稳定。领导者的专家权主要来源于两个方面。

（1）知识。包括知识的数量、知识的质量、知识的深度、知识的新度和知识的系统化程度，也包括隐性化的经验知识和活性化的智慧知识。 有了丰富的知识储备，领导者的感知、想象和思维活动就丰富和广阔，对领导活动中的问题就有了深入思考的深刻性、前瞻性、新颖性和系统性。

（2）能力。 包括驾驭能力、预见能力、创新能力和协调能力等。 能力是一个人掌控某种活动的心理倾向力。 站在能力素质的"制高点"上的领导者，有办法处理遇到的任何复杂问题，智慧在众人之上。 有了丰厚的知识、超凡的能力，就形成了专家权。

领导者具有专家权会赢得被领导者的由衷敬佩。 从心理学上讲，敬佩感是一种心理磁力，所以领导者有了专家权，下属就会心悦诚服地被吸引去接受其影响和领导。

专家权是一个人宝贵的财富，它本身具有非常强的影响力，这种影响力是科学赋予的力量。 无论你是否是领导，只要你有专家权，你就会有力量去影响别人。 比如，一个人得了病以后，最愿意遵医嘱，医生并不是病人的领导，但是在某种疾病研究上医生是权威，他的话病人就像遵循领导指示一样来照办。 可以断言，一个领导者有了专家权，再加上职位权力，其领导力一定会倍增。

4.典范权

典范权，即人格的魅力。 人格魅力是指由一个人的信仰、气质、性情、品行、智能、才学和经验等诸多因素结合体现出来的一种人格凝聚力和感召力。 领导力直接受人格魅力的影响，"政者，正也，己不正，焉能正人。"

典范权也就是参照性权力。 有了崇拜某个人的心理，希望自己成为像他那样的人，被你崇拜的这个人就获得了参照性的权力。

典范权的综合效应：可以转化为一种影响力、向心力和凝聚力。

世界上最伟大的力量就是人格操守，有归心的效应。

人格的魅力能弥补一个领导者工作能力和水平的不足，能熨平由于工作失误造成的影响。 人格魅力是一股永恒的领导能量。

"领导"一词是外来语，"领"就是走在前面率先垂范的意思，"导"就是指引方向的意思。 中国人称"领导"为"干部"，意思是要求下属做到的事，干部必须先"干"一步。

领导活动是"面条理论"，是拉动而不是推动，面条一推就弯了，不会向前，一拉就会笔直地向前运动。 国民党打仗时军官在后边拿着枪喊"给我上"，共产党的军官手枪一挥，喊"跟我上"，带头冲锋。 一字之差，造成了天壤之别的领导力。

美国成功心理学家拿破仑·希尔有句名言："真正的领导能力来自让人钦佩的人格。"

哈佛大学非常重视塑造人品、人格，在哈佛校门口写着一句名言：为增长智慧走进来，为更好地为祖国和同胞服务走出去。

领导者的智慧之一——集权

领导者的集权智慧，概括起来就是"谋之于众，断之于独"。 根据时间可以将领导的决策活动划分为决策之前、决策之中、决策之后三个阶段，在什么阶段"谋之于众"，在什么阶段"断之于独"，是有领导智慧的。

"谋之于众"有如下两层含义。

（1）决策之前谋之于众。 现代社会高度复杂化、整体化，局势越来越不受少数人意志所左右，要制定正确的方针、政策，必须谋之于众。 谋之于众就是要调查民情，反映民意，从群众中吸取智慧，听取各类专家的意见，将各类咨询机构的作用充分发挥起来，建立民主科学的决策机制。 按照民主化、程序化和科学化的决策要求，把社会各阶层、各方面的各种好的建议和要求收集上来，以使决策更科学，更能反映各方面的利益要求。

（2）决策之后要谋之于众。 决策的实施阶段要通过耐心细致的协调工作，调动大家的积极性，与群众共同解决决策实施中遇到的各种问题，让大家自觉实施决策，形成"一帅掌舵，三军上阵"的局面。

"断之于独"的含义是：决策之中的决策权一定要由一把手掌握。 手中这个权力只可集中，不可分散，只能独揽，不能放权。

断之于独，仅对决策权而言，不等于权力可以无限集中和上移，否则就是集权主义和权威至上论。

联想集团创始人柳传志说："我做决策时，总是尽可能多地征求意见，而只与少数人商量，拍板就让我自己来。"

领导者的智慧之二——分权

分权也就是将整体领导活动加以分解，实行"分而治之"。分权不是放任，不是撒手不管，而是要"分而不散"。领导和管理有很多相通的原理，但领导活动与管理活动又不完全一致，它们的指导理论有一些区别。

管理学家认为，有效的管理措施来源于变化的管理重心，建议从事前的管理转向事后的管理，从对过程的控制管理转向对结果的诱导管理。

领导和管理的职能不同：管理注重的是短期行为，讲究的主要是经济学上的效率原则，关注的是结果。领导注重的是长期行为，关注的主要是系统论上的统筹全局原则，关注的是效能。组成领导活动的重要部分就是分权，分权是把整体领导活动的系统分为事前、事中、事后。分权的智慧是抓两头放中间，事前和事后领导是重心，而将事中的领导活动分权给下属部门或机构，寻求的是目标、手段、过程和结果的统一。

"黑箱"操作——只管两头不管中间，是领导分权原理的要求，也是领导分权的智慧体现。

"黑箱"又叫闭盒，技术上不能直接打开观察，因为直接观察有可能会破坏其内部结构，失去其系统的本来面目。

控制论创始人维纳指出："所有的科学问题都可以作为闭盒，唯一研究它的途径就是利用它的输入和输出。""黑箱"用于领导活动指"只管两头不管中间"的领导方法。"两头"指输入和输出，"中间"指执行部门或执行者。就像中医，探病医病是不能打开内脏的，但却可以通过望闻问切等手段，只管输入和输出情况，来诊病和医病。

"只管两头"就是领导者只给执行部门输入决策指令和发动指令从而让他们贯彻决策，并了解输出情况即执行结果。"不管中间"是说执行部门如何去执行及具体执行过程怎样，由于是执行部门之专责而非领导职责，所以领导者可以不管，否则，越权和侵权行为就有可能发生。

"黑箱"分权智慧，一方面要求一把手必须把精力放在正确决策和比较执行结果和决策目标上，使执行操作部门成为"黑箱"。另一方面，也要求领导者必须从外部，即通过输入和输出来影响、推动"黑箱"的运作。操作好"黑箱"，领导者就不会走入"日理万机，劳而无功"的误区，而是走上"不问琐事，无为而治"的正确领导之路。

领导者的智慧之三——授权

1. 授权的理论基础

授权是领导者向被领导者授予一定的权力，使其能够自主地对授权范围内的工作进行决断和处理。授权是一种各负其责的民主领导方式，与独裁式领导方式不同。授权的理论基础如下。

（1）二八法则。19世纪末，意大利经济学家帕雷托认为，任何国家国民收入分配都存在着一种固定的形态，即拥有高收入的国民仅占全国总人口数的少数，而处于低收入阶层的是绝大多数的国民——帕雷托法则。将这个法则应用于领导领域，就是次要的多数被重要的少数所制约。20%的权力产生80%的领导效能，80%的权力只能产生20%的效能。因此，领导者应该将重要的少数和次要的多数分开，掌握那些只占少数的重要的工作，就能获得大部分的成果，完全可以授权给下属去做那些众多琐碎的工作。

（2）比较利益规律。比较利益规律来自于国际贸易理论中的"比较利益理论"。比较利益表明：如果一个国家输出本国生产效率最高的产品，输入本国生产效率最低的产品，那么这个国家的财富就一定会增加。如果领导者将注意力集中在最有利于实现组织目标的工作上，而委派给下属去做其他工作，则会更大地贡献于组织。

（3）二律背反定律。 二律背反的理论是哲学家康德和黑格尔提出的，意思是事物会向它的反面发展，相反相成。 激励机制和约束机制必须对称。 授权是一种权力分工，通过集中和借助下属的智慧共同完成工作。 在一定的监督下，下属有相当的自主权和行动权，按照二律背反的原理，必须建立授权约束机制以防止滥用权力。

2. 授权的益处

（1）能够减轻领导负担，集中精力处理重大事项。 科学有效的授权，需要领导者本人处理的事情就会相对减少，领导者的工作负担也能够减轻，使其"有所为，有所不为"。 正因为在一些小事上"有所不为"，才能集中精力在全局性、战略性、重点关键事项上"有所为"。

（2）能调动下属积极性，提升下属士气。 授权就是把对下属的激励放在"自我实现"这一最高层面的需要上，可以激励下属的工作热情和士气，使下属充分发挥自身的潜力和主观能动性，积极主动地去完成授权范围内的工作，自我实现就得以达到。

（3）能加强团队建设，改善上下级关系。 授权让下属学会自我领导，把类似主仆的领导与被领导关系转变为合作共事、相互支持、逐级负责的关系，使之形成合作共事、互相支持的组织团队。

（4）能加快传递信息速度，提高工作效率。 领导活动实质上也是个信息传递的过程。 由于上下级所处的具体环境差异，导致了不对称的上下信息关系。 通常情况下，上情要下达，下情要上传。 但由于传递的经纬线很长，减慢了传递速度，加之传递过程长而导致的信息失真使工作效率和质量受到影响。通过科学授权，就避免了领导由于及时信息的缺乏和信息失真而导致的工作失误，同时也充分发挥了下属信息掌握比较全面的优势，有利于顺利完成具体工作。

（5）能发现人才，培养人才。授权在一定程度上是往下属肩上压担子，锻炼下属的认识能力、分析能力、判断能力和单独处理问题的能力，"挑担的人比空手的人走得快"，这就让人才的发现和培养成为可能。

3. 从非授权到授权的转变

这是一个领导活动发生质变的过程，在这个过程中，领导职责、领导方法和决策方式都发生了根本变化。

从领导职责上看，非授权状态下，领导"无所不管"，事无巨细，事事皆由上级领导来决断，下级领导唯一能做的就是听令和服从，下级有事，不管事大事小，必须请示汇报，上级领导没有批准就不得擅自行事。授权状态下，领导"有所不管"，把注意力和精力放在方针、政策的制定和动员各级组织成员的支持落实上。

从领导方法上看，非授权状态下，领导"事必躬亲"，事无巨细，都亲自处理，把日理万机的道德信念当成了领导智慧的信条，辛苦劳顿的结果是"君忙臣闲"。授权状态下，领导"不问琐事"，有顾大局、抓大事的时间和精力，结果是"君闲臣忙"。古人云："君闲臣忙国必治，君忙臣闲国必乱。"

从决策方式上看，非授权状态下，领导"个人决策"，在片面狭隘的认知水平下，独断决策，一意孤行。在授权状态下，在民主科学的程序下，领导征求各方面的意见和建议，注重

"外部咨询"，利用专家、咨询机构的"外脑"来丰富自己的智慧，做出各种科学决策。

4. 领导者的授权艺术

法国古典管理理论的创始人日·法约尔指出："没有一个人有这样的知识、精力、时间能够解决一个大企业经营过程中所提出的所有问题。"进而提出："现代领导者应该有所管，有所不管，不要无所不管，'重大事情'应该管，'小事'不该管，'细节'交给参谋和部下去做。"德鲁克在《卓有成效的管理者》一书中对"重大事情"的解释是"基本性的决策""正确战略，而不是令人眼花缭乱的战术"。

作为一种领导方法和领导制度，授权是领导进行科学决策和提高领导效能的必然选择，任何一个成功的领导者都不能离开合理授权。领导者的授权，既要符合领导活动的规律，又要有利于实行有效的统率与指挥，因此，必须讲究授权的艺术。

清代大臣曾国藩说过："做大事的第一要义是寻替手。"现实生活中，有些领导者并非不知道这个道理，他们也不想大事小事都自己干，想跳出事务性的圈子，但却不知从何做起，对授权的技巧和方法既不懂也不会。可见，知道了授权的意义，也领会了授权的理论含义，但是掌握不了授权的艺术，授权仍然是一句空话。所以说，领导者应将授权艺术作为必修课。

领导授权的艺术作为领导智慧和能力的扩展与延伸，是在长期的领导活动中积累起来的。用"艺术"的字眼来诠释授权，意在表明授权必须讲究灵活性，要随变化的领导环境和条件灵活运用相应的方法与技巧。因此，每一位领导者都应该在具体的领导实践活动中，不断地探索和总结，将授权理论与授权技巧和方法结合起来，融会贯通，灵活运用，便能取得理想的授权效果。

领导者的授权艺术很广泛，但有些内容也是界面上的，比如，视德能授权、明责授权、逐级授权、充分授权、收敛的问题授权、授控结合等方法和技巧，都集中体现了领导授权艺术。它们赋予领导者授权的智慧，告诉领导者给什么样的下属授权、让下属承担什么责任、怎么让下属有信心接受下放的权力、如何适时授权、如何适时收权等。这些授权艺术领导者应解读透、把握好。

（1）视德能授权。"德"是为人执政的底色和根本，"才"是做人谋事的本领和能力，德与才是相互联系、相互作用的统一体。"职以能授，爵以功授。"授权不是分配权力和利益，不是照顾荣誉，而是要把权力授给靠得住的人和有能力承担这份责任的人。

领导者在授权之前，必须仔细考察被授权者的思想意识、道德水准、性格特点，全面分析被授权者的能力，如知识、经验、思维、专业特长等，从德和能两个方面衡量他是否有能力承担所授职权。不能授权给有才无德或有德无才的人。

（2）明责授权。授权要讲"为治有体，职责分明"。授之以权，负之以责，权责统一。放一些权力给下属，让下属分担一些责任，会增强下属的责任心，激发其工作热情，充分发挥其才智和能力。

明确职责会保障权力不滥用，有了与权力相伴随的职责，才能使授权者明白哪些该为，哪些不该为，哪些不能强为，哪些不能妄为。职责不明确，或光授权不授责任，就很可能导致授权的滥用。美国管理学家孔茨与奥唐纳说："不规定严格的职责就授予职权，是管理失当的一个明显原因。"

明责授权的"责"，不是领导者口头上的东西，必须建立一套制度和放权不失职、依靠不依赖、宽松不放松的运行机制。德鲁克曾经说："大公司的合理之处不是千军万马都由一个人指挥，而是借助一套由特定的机制来传递责任并互相负责的流程。"

在特殊情况下，领导为了让下属有充分的权力，也有授权留责的，如告知下属："放心大胆地干，出了问题我负责。"

（3）逐级授权。 领导是分层次的，运行领导活动的原则，是一级管一级，只管直接下级。 领导指挥链正常运转的基本条件是层层衔接，领导的事领导做好，各层的事各层做好，不能越权包办，这就要求按层级逐级进行授权。

授权只能对直接下属，层层往下授。 一个下级只从一个上级那里接受分派的职责和授予的权力，并只对这个上级负责，"一仆不伺二主"，否则，会造成职责和权力之间的矛盾。

除特殊情况外，领导对授权范围内的事，要不干预、不拆台，对越级请示的事，一般不表态、不处理，否则领导活动也将变得混乱。

（4）充分授权。 就是领导者要"舍"得放下权力，该授的权要充分地授下去，防止"放碗不放筷"式的非充分授权。

当下属具有很强的能力，能独立完成任务时，领导者不要轻易加以干预，"将能而君不御"。 美国总统罗斯福讲："一位最佳领导者是一位知人善任者，而在下属甘心从事于其职守时，领导者要有自我约束的力量，而不可随意插手干预他们。"任意干预下一层工作的后果是：不仅将自己的宝贵时间和精力浪费掉了，还会让下属没有主见，没有责任心，反过来又加重自己的负担。

领导者应该记住：凡是你信任的人能代替你去做的事，永远不要自己去做。当你忙不过来时，你要深思，可能你去做了该下属做的事。

领导宽容下属的失败，也是充分实现授权的条件。日本神户大学教授占部都美说："真正的授权的前提是领导者宽容下属的失败。"

（5）收敛的问题授权。指向的方向是下。收敛的问题越研究越趋向于答案，越处理越指向基层，通过授权就可以解决。发散的问题，是向上指向，有的答案就在本领导层，解决问题的对策有的是在本领导层的上级，甚至是上上级，这就不是领导活动中的授权能解决的问题了，而是向上级领导"请示""汇报"来解决的问题，当然不能授权。

（6）受控结合。领导者要想忙而有序、忙而有效、忙中偷闲，学会授权是必需的。而授权不足，会使领导者陷入事务圈子里。但是授权也有个"度"，过分授权，又会造成领导者失责失职，从而削弱领导。所以，授权必须授中有控，授控结合，全程监控，跟踪监督，调控及时。

要建立一个授权—控制—支持的内在机制。韩非在《孤愤》中说："万乘之患，大臣太重；千乘之患，左右太信。"授权后，领导者要保留指导权、检查权、监督权、修改权和回收权。覆水难收的授权是授权失控的表现。有授有控的授权，有放有收，放中有收，能让下属的心归顺。

适度授权，只授可授之权和可控之权，这也是收敛的问题授权和授控结合的授权艺术的真谛。

5. 阻碍授权的因素

多方面因素可以阻碍授权，其中既有主观方面的原因，也有客观条件的限制；既有授权主体领导者方面的因素，也有被授权主体（下属）方面的因素。其中最主要的障碍因素就是授权主体的因素，主要有以下几个方面的表现。

（1）不会授权。这种领导者知道授权的重要性，也想授权，但是领导艺术和领导水平有问题，不知道授给下属哪些权力以及授予的方法，造成现实领导活动中缺乏授权的尴尬局面。

（2）不敢授权。担心授权后"将在外，君命有所不受"，无法必要地控制下属，使下属偏离目标轨道。这种领导者由于过于谨慎，淡化了授权的合理性和科学性，而阻碍了授权。

（3）不愿授权。领导能力太强，或对自己的能力过于自信，不信任下属，形成一种集权型领导风格。

（4）害怕授权。畏惧下属的潜力，不能接受或不愿接受下属能力比自己强的现实。这种嫉贤妒能，使授权艺术的运用受到了严重阻碍，导致"武大郎开店"和"帕金森定律"的格局。

（5）忌讳授权。领导者对工作和权力有一种极度欲望偏好，沉湎于对权力的追逐，将权力看成是对下属进行人身控制的主要手段或者是自己权力寻租的资本，凡事都想管，都要管，当然不肯授权。

诸葛亮就是一个典型的不善授权的领导。大举北伐时，他本应将权下放给魏延，但诸葛亮对他总存有戒心，后来选了一个只会纸上谈兵的马谡当先锋。即使是这样，诸葛亮也没有放权，而是亲自在大军后面监督。军中事情无论大小，诸葛亮一律事必躬亲，最后累死军中。

勇于授权，不怕失权是优秀领导者的素质

领导者大致都能了解授权的好处，但是他们却多半畏惧授权，主要是因为担心下属做错事、担心下属工作表现得太好、担心控制不了下属、不愿意放弃得心应手的工作、找不到适当的下属授权，但这五个理由很难成立。

（1）下属难免做错事，但若领导者能给予适当的训练与培养，必然能够减少下属做错事的可能性。授权既然是一种在职训练，领导者自然不能因怕下属做错事而不予训练，反而应为避免下属再做错事而提供充分的训练机会。

（2）不可否认，有些领导者因担心下属锋芒太露或"声威震主"而不愿授权。但是从另一个角度看，下属工作表现良好可以反映领导者的知人善任与领导有方。

（3）只有领导力薄弱的领导者才会无法控制授权之后的状况。在授权的时候，倘若领导者划定明确的授权范围、注意权责的相称并建立追踪制度，就不会担心控制不了。

（4）基于惯性或惰性，许多领导者往往不愿让下属履行得心应手的工作。另外，有许多领导者基于"自己做比费唇舌去教导下属做更省事"的理由而拒绝授权。这两类领导者错在将他们有限的时间与精力浪费在了本来可以不用他们理会的工作上。

（5）"没有合适的授权下属"，常成为领导者不愿授权的借

口。 但领导者应该知道，任何下属都具有一定程度的可塑性，因此授权是塑造下属的一条很好的途径。 就算真的找不到一位可以授权的下属，也是领导者的过失。

在授权过程中，要特别注意防止以下两种情况。

1. 不可把授权当成推卸责任的"挡箭牌"

现实中有些领导者不知"士卒犯罪，过及主帅"的道理，错误地认为授权后，被授权者全权负责该事情，领导者便可以高枕无忧了，这是非常错误的。 须知，领导者要授权就必须要彻底，但对于授权后下属所做的一切事情，仍然要承担起责任。诸葛亮误用马谡致街亭失守，班师回来上书引咎自责，请求贬官三级，以负"用人不当"的责任。 诸葛亮这种严于律己、勇于承担责任的精神实在令人敬佩。

2. 不可以越级授权

中间层的权力是领导者不可直接授给下属的，这样做，会造成中间领导层工作上的被动，扼杀他们的工作积极性，久而久之，会形成"中层板结"。 如果中层领导出现不力的情况，领导者要采取调整机构或任免人员的办法解决中层问题。

第四章

时间管理:张弛结合是用权之道

化繁为简：提高利用时间的效率

在现实生活中，有这样两种类型的领导者：一种是善于把复杂的事物简单化，办事又快又好。另一种是把简单的事物复杂化，事情越办越糟。我们要倡导、掌握化繁为简的领导艺术。

化繁为简的领导艺术，主要包括以下几个方面的内容。

1.抓住工作中的关键环节，着力打通"瓶颈"

在领导工作中，必须善于在纷纭复杂的事物中抓住主要环节不放，"快刀斩乱麻"，使纷纭复杂的状况变得有脉络可寻，从而易于解决问题。

另外，要抓住主要矛盾，即抓住工作中的关键环节，也就是要善于排除工作中的主要障碍。主要障碍就像堵塞的瓶颈一样，不打通是不行的，否则工作就会"卡壳"，很多时间和精力都会被不必要地耗费了。

2.简化不合理的工作程序，或"优化事序"

对一个领导者来说，他的案头往往堆着很多大大小小的问题或任务等着他去处理。如果采用单向排序的方法，来了什么工作就做什么工作，天长日久，就会形成"事无巨细，一律平等、一律照办"的工作习惯。客观上这种习惯导致数量众多的

"小事"淹没非常重要的"大事"，导致领导者犯下因小失大的错误。 有的领导者还有这样的工作习惯，最紧迫的事情总是优先处理，而最紧迫的事情却不是最重要的事情。 这样的工作习惯也使领导者犯下错误，只重视现在，而忽视将来；只重视克服困难，而忽略创新和寻找机会。

领导者要想提高利用时间的效率，就要以社会效益和经济效益为准绳来确定事序的排列。 这要求领导者按工作的轻重缓急系统化每天面临的杂乱无章的工作，按在系统中起作用的程度、贡献大小分为不同类别并排定事物的优先次序。 在这方面，美国企业管理顾问艾伦·莱金所提出的 A、B、C 分类法对我们颇有启发。 他在《如何控制你的时间和生命》一书中，提出了利用时间的两种方法。

（1）编制每天工作的时间表。 莱金认为，由于每天有很多事情需要管理，又不可能都做完，因而可将事情分成 A、B、C 三类。 最重要的是 A 类事情，B 类次之，C 类可以放一放。 一位优秀的领导者，应想方设法去完成 A 类和 B 类工作，假若这两类事情完成了，那一天工作的 80% 也都完成了，从而可以心安理得。 这种方法有利于人们把有限的时间安排在效率高的、最重要的事情上，同时机智地拒绝或拖延不必要或次要的事。来了一件事情，首先要自问"值不值得去做这件事情"。

（2）拼命去做任何值得做的事。 即使离午饭还有十分钟，也应该把它用来做这件事。 尤其重要的是开始，即使那些事并不是自己擅长干的，也要开始去做，不要有恐惧心理，干起来以后，情况就会有所改善。

3. "立体统筹"时间

进行时间上的立体统筹，也就是选择最优方案去巧排事序，是领导者时间运筹艺术中的一大高招。进行时间统筹，首先应有意识地立体安排时间。立体公路的车流量大，高层建筑的空间利用率高。同样道理，立体结构的时间安排也能使时间利用效率得到提高。

比如，某一领导者，早晨8点上班，到办公室后，有一系列事务和工作等着去做，这些事务和工作所要花费的时间分别是：①收拾整理办公桌：3分钟；②听取秘书对一天工作的安排：5分钟；③指导秘书起草某一报告：15分钟；④阅读文件：17分钟；⑤外出开会乘车：35分钟；⑥开会：90分钟。

如果这六项工作按照单向顺序一项一项地做，那么需要花费的时间总共为165分钟，但如果对这六项工作进行立体统筹：在听取秘书安排一整天的工作时，收拾整理办公桌；在乘车的路上同时指导秘书起草某一报告和阅读文件，那么只需要130分钟就够了。为了更好地统筹好时间，领导者可以给自己画一张工作统筹图。画图之前，先排一排每天需要做什么事情，摸清这些事情的相互关系，哪些事情该先做，哪些事情可后做，一件事情做完了会给其他事情带来什么影响，并计算完成每件事情需要多少时间，理清了这些，就可以组合画图。其中需要时间最长的线叫作主要矛盾线，即（2）→（3）→（6）。

从这种统筹图中可以看到：同时做两件事情是可以的。我国有一句古话，"一心不能二用"。如果从做事情应专心致志的角度看，这是对的。但是，有些事情完全可以"一心二用"。事实证明，同时做两件事是节约时间的重要技巧。

运用化繁为简的策略，领导者可以将时间使用效率大大地提高。 纵观人类发展史，效率往往就是从简化开始的。 赵武灵王提倡"胡服骑射"，用骑兵结束了"战车时代"，靠简化在军事上做出了卓越贡献。 秦始皇统一文字，统一货币，统一度量衡，靠简化推进了社会的进步。 在当今科学技术、社会发展日新月异的时代，运用简化提高效率，对我们现代化建设步伐的加快具有重要意义。

委托权限：领导者如何分身

委托权限简称委权，是指委托一定的权限给下属，让其完成领导者分配给他的某项工作。 委权与授权有着类似之处，所不同的只是授权是给予下属较为长期的、稳定的权限，而委权只是给予下属临时性的权限。 委权的主要目的是分散领导者的工作，节约领导者的工作时间。 委权是领导者的分身术。

委权的技巧或艺术主要有以下几个方面。

1. 确定可以委派他人去做什么工作

有一些工作是不能委派他人去做的，但一般来说，可以委托出去的工作还是有相当一部分的。 例如，以下工作就可以委派他人去做。

（1）收集和分析那些为进行研究并做出决定所必需的材料，包括事实材料。

（2）在领导者自己决定目标、方针、工作程序、计划等事项之前的准备工作。

（3）在上述事情决定了以后的实际实施工作。

（4）预先准备稿件的工作。

（5）日常业务或琐碎的工作。

（6）没必要自己出席的集会或会议等。

也可以根据下面的标准，决定哪些工作应委派给下属人员去做。

（1）看这项工作是与组织方针的大计有关，还是经常性的日常业务。如果是经常性的业务，则可以委派给下属。

（2）要了解下属有没有承担这项工作的相应能力，如果有，则可以委派给他们去做。

（3）从工作的重要性来讲，将时间花费在某项工作上，还不如干其他更要紧的事情，如果有这样的情况，则可以把这件工作委派给下属人员去做。

2. 确定委派给谁

在决定可以委派了什么工作之后，接着就应考虑接受委任的人。

一般委派工作给以下人员：

（1）直属部下；

（2）工作或技术上的专家；

（3）有特殊资格或知识技能的人，比如以前有过这方面工作经验的人；

（4）为了从事不同于普通工作的紧急工作，特别班子中的成员；

（5）认为自己擅长于某项工作，愿意承担并很有信心的人。

此外，若有特殊情况，还可以按以下标准选出应该委任的人选。

（1）不为人所注意，但确有才能的人。只要委任方法得当，他们就能将任务完成得非常出色。

（2）没有经验但很有培养前途的人。

（3）有其他方面的缺点与不足，但又可以做好所需委托的工作。委派工作给这样的人，会使他认为上级给了他机会改正缺点，从而会十分负责地去完成所委托的工作。

3. 确定委派工作的方法

领导者必须善于向接受委派的人传递自己的想法，让对方明白自己想做什么，只有这样才能做好工作。

（1）为了使接受委任的人能够完成工作，必须让他们拥有充分的权限和责任。接受委派的人，也应该对自己的权限和责任有完全的理解。

（2）要预先让接受委托的人了解到有关委派工作的费用、人员、设备设施、时间等条件，乃至他可以利用的种种方针、政策以及使用上的限制。

（3）要事先让接受委任的人清楚：在什么情况下，必须请示工作；在什么情况下，可以自己做主，只要事后汇报即可。

4. 对委派的工作进行监督

领导者在委派了工作之后，并不意味着可以撒手不管了，必要的监督还是很需要的，监督与是否信任部下无关。但如果做得过分，部下就会失去工作的自信心，所以，这种监督必须注意做到恰如其分。

（1）在开始工作时，预先宣布要检查之处。 如果最初无言在先，等工作开始以后才说起这种监督是必要的，下属就会认为你不信任他。

（2）要事先建立"侧面监督制度"，即请第三者照看或接受第三者监督。

（3）事先建立诸如定期举行例行会议、定期报告等规章制度，以对工作情况进行检查核对。

（4）以其他工作为理由来检查所委托的工作情况。

记录时间都被用在何处

要想赢得时间，首先必须明了消耗时间的情况。 而要想知道时间的耗费情况，又必须先记录时间。 领导者应该养成勤于记录时间消耗的习惯。 办法是在一件事完成之后，立即记录下在哪里将时间耗费掉了，每天一小结，连续记一周、两周或一个月，然后进行一次总体分析，看看自己的时间究竟用到什么地方，从中找出浪费时间的原因。 专家研究证明，凡是这样做的人，都能很好地节省时间、提高效率。 现在人们常常把"应该"花费的时间看成是实际已经花费的时间，而这两者的量往往是不相等的。 如果人们问一位领导者："您今天上午做了什么，花了多长时间？"答曰："花了三小时起草报告。"其实，在这三小时中，他花了 18 分钟喝茶、抽烟；中途休息了两次，花费了 23 分钟；与同事聊天，花费了 27 分钟；接三次电话，花费了 5 分钟，这样总共花费了 73 分钟，实际上真正用于起草报告的时间只有 1 小时 47 分钟。可见浪费了很多时间。因此，记录时间的消耗情况，统计分析时间的使用情况，对于领导者提高时间利用率，是一件十分有意义的事情。

这里介绍一位苏联昆虫学家柳比歇夫的统计时间的方法。

柳比歇夫的一生，成就赫赫，硕果累累，他发表了七十多部学术著作，写了 12500 张打字稿的论文和专著，内容广泛涉及遗传学、科学史、昆虫学、植物保护、哲学等领域。他之所以有如此成就，有相当一部分要归功于他那枯燥乏味的日记本——"时间统计册"。柳比歇夫每天的各项活动，包括休息、读报、写信、看戏、散步等，支出了多少时间，全部历历在案。连解答子女的问题都记录在纸上，记住花了多少时间。每写一篇文章、看一本书、写一封信，不管干什么，每道工序的时间都算得清清楚楚，内容之细令人惊讶。在 1964 年 4 月 8 日这一天，他这样记录道：

乌里扬诺夫斯克。1964 年 4 月 8 日。分类昆虫学：鉴定袋蛾，结束——2 小时 20 分；开始写袋蛾的报告——1 小时 50 分。

附加工作：给达维陀娃和布里亚赫尔写信，6 页——3 小时 20 分。

休息、剃胡子、读《乌里扬诺夫斯克真理报》——15 分；《消息报》——10 分；《文字报》——20 分；托尔斯泰的《吸血鬼》66 页——1 小时 30 分；听里姆斯基·科萨科夫的《沙皇的未婚妻》……

基本工作合计——10 小时 45 分。

柳比歇夫统计时间始于 1916 年元旦。他每天核算自己花费的时间，一天一小结，每月一大结，年终一总结，直到 1972 年他去世。56 年如一日，从未间断。他每天将各种事情的起止时间记录下来，相当准确，误差不超过 5 分钟。扣除所有毛时间，他只注意每天纯时间的数量。他介绍说："工作中的任何间歇，我都要刨除。我计算的是纯时间，纯时间要远少于毛时间。所谓纯时间，就是你在工作上所花的时间。"经过准确的时间统计，柳比歇夫把一昼夜中的纯时间算成 10 小时，分成 3 个"单位"或 6 个"半单位"，分别从事两类工作。第一类是创造性的科研工作，如写书、研究、做笔记等；第二类是其他不属于直接科研工作的活动，如做学术报告、讲课、开学术讨论会、看文艺作品等。除了最富于创造性的第一类工作不限死时间以外，所有其他计算过的工作量都竭力按时完成。1966 年，他已经 76 岁了，用来处理第一类工作的时间平均每天为 5 小时 13 分。天天如此！5 小时内绝没有抽半支烟，没有聊天谈话，没有溜达散步，也没有听别人的谈笑风生。这是真正不打折扣的 5 小时！

学习柳比歇夫的时间统计方法，领导者会受益终身。

充分利用"高效时间"

　　作为一个领导者，应该明了千百年来人们所忽略的一个道理，即时间不仅具有数量，而且具有质量，不同的人对时间的使用有不同的效率。 在人的一生中，不同阶段的时间也存在着质量差异。 比如，一生中青春是最为闪光的岁月，"青年者，人生之王，人生之春，人生之华也"。 一年中、一天中的时间也存在着质量差异，古人云，"一年之计在于春，一日之计在于晨"。 时间不同，其所具有的效能也不同。 有的时间里，人们精力充沛，动作敏捷，办事效率高；而在另外的时间里，却头脑迟钝，动作呆滞，两分钟只顶一分钟。 因此，有些研究效率的专家认为："控制时效的秘诀之一，就在于要用高效时间去处理最重要、最复杂、最需要创造力的问题。 而在低效时间里，去从事周期性、重复性的日常工作，或进行调节生理、心理的闲适活动。"

　　所谓高效时间，是指一天中思维能力、活动能力最旺盛的时间。 一般人的情况是这样：早晨，刚走上工作岗位，开始一天的工作，这个时刻是记忆力最佳的时刻。 随着时间流逝，工作逐步开展，人的精力也在逐渐增加。 中午 12 点以前，思维力、精力、体力等活动指标均达到了高潮，各种艰巨复杂的任务都能胜任。 可是不久，各项指标又迅速下降了。 下午一两点钟是脑力和体力较低的时候。 而下午 2～6 点，人的脑力又活跃起来，又能够非常灵敏地处理各种事务，到晚上9点，又是一天中第二个高峰期。 当然，这只是一般人的情况，具体到每个人，仍然存在很大的差异，往往因人因事而异。 巴金喜欢挑灯夜战，只有深夜才能"精骛八极，心游万仞"；诗人艾青则倡行"黎明即起，闻鸡起舞"。 现在领导者的工作习惯也各有差异，高效的时间也不相同，每人都可以从自己的具体情况出发，尽量将高质量的时间能供给重要的需求，让时间能源最大限度地得到开发和利用。

第五章

知人善任,人尽其才

用人的基本要领与原则

用人是一门学问，需要在实践中不断地探索。 一般来说，合理用人应该掌握以下的基本要领与原则。

1. 用人的要领

（1）要有容才之量。 完美无缺的人是根本不存在的，特别是一个有某方面特长的人，可能在另一方面存在着缺点和不足。 人各有长，也有其短。 大才者常不拘小节，异才者常有怪癖，恃才自傲往往是个通病。 人才常常优点越突出，缺点也就越明显。 用人不易，容才更难。 有的领导者身边虽有人才，但矛盾重重，关系紧张。 有的人才本来是领导自己选来的，但没过多久便后悔不迭。 在许多情况下，一个心胸狭窄的领导者，所耿耿于怀的往往不是人才的缺点，而是人才的特点。 既是人才，必有他自己的独到见解，对自己的见解及才能充满信心，因而不会轻易附和领导的意见。 既是人才，由于忙于求知做事，自然没时间和精力去拉关系，走后门，有的甚至不懂人情世故，有的不知社交礼仪，有时会不顾领导情面，不分场合地点直言不讳，这些恰恰容易被人称为"狂妄""傲气"。 尤其是有时这个人才以前正好是他的对头。 在这种情况下，作为一个领导，应当具有宰相度量，大将风度，在不违反原则的前提下，应当排除来自各方面的压力和干扰，大胆起用人才。 当然，这并不是说一切都要放任自流，对人才的缺点错误，还是要晓之以理，动之以情，帮助其不断地改正。

领导者应该具有容人的度量，善于理解和容忍人才的缺点和短处，虚怀若谷，不能小肚鸡肠、斤斤计较。

（2）要有举才之德。发现了人才，应当不失时机地举荐出来。这样做，无论于公于私都是大有益处的。看着人才存在而让其白白浪费是令人痛心的事情。当你真正发现一个人才之后，就应当通过正常途径把他放在适合于发挥其特点的工作岗位上，并且充分信任他，授之以权，因为无职无权是没有办法开展工作的。特别是对一个有特长的人才，又想用又怀疑，那就只能促使他人动心思。

（3）要有用才之能。现在不少地方，不少单位竞相开发、招揽人才，许多领导用了很大的精力，费了很长时间来培养人才。然而有些领导者往往忽略了人才的合理使用，没有将下属安排到合适的岗位上，造成了人才的浪费。解决这个问题，领导者一定要有系统思想，从全局看问题。

（4）要有育才之术。人的成长与进步，除了自身素质和主观努力之外，处在良好的环境中，并得到领导及组织的培养，不能不说是个重要因素。因此，领导的职责之一，是在用人的同时，不忘有意识地进行培养。只培养不使用，这种培养毫无意义可言。相反，只使用不培养，则是领导的一种失职。

领导者不仅要有育才之心，还要研究掌握育才之术，即有效的育人方法，自觉地在工作中循循善诱，启发引导，言传身教；注意为下属施展才能、成长进步提供必要的条件及环境；在下属困惑、遭遇挫折时，及时给予支持与帮助；不断给下属工作压力，以防止其骄傲自满，故步自封；允许下属犯"合理错误"，让他们在磕磕碰碰中成长进步。

2. 用人的原则

（1）扬长避短，即用其所长，避其所短和代短为长的原则。 美国著名管理学家杜拉克指出："有效的管理者择人任事和升迁，都以一个人能做些什么为基础。"所以，他的用人决策，不在于如何避开人的短处，而在于如何发挥人的长处。 领导者用人的要诀之一，就是如何发挥人们的长处，而不是寻找十全十美的"完人"。 如果不能见人之长，用人之长，而是念念不忘其短，势必会产生轻视人、压制人的现象。

（2）充分授权，放心使用，即用人专一，不肯动摇的原则，包括用人不疑、放心授权、专任久任等方面。 上级既然任用了下级，就要大胆使用，放手授权，而绝不可以又放又收，暗中遥控，处处制约，使下级有职无权。 作为一个领导者，对于自己选好的下属，就要给以充分的信任和支持，为他们提供必要的工作条件，即使其犯了错误也要原谅和帮助。 只有这样，被用的人才能背后有靠，手中有权，放手大胆地施展自己的才华。 如果对人既要任用，又存疑虑，收收放放，且用且疑，那么被用的人也只能是犹犹豫豫、战战兢兢，缩手缩脚，无所事事。 因为他既感到自己不被信任，心中委屈，劲头本就不足；又害怕不慎出了差错，酿成大祸，因而更不敢放手工作。 这样的用人过程，实际上是一种猜心思、留后路、互相应付的过程。一个杰出的领导者必定是一个高明的授权者，充分授权是用人的最佳手段。

（3）能级原则，即按照人们才能的不同层次，实行定位、定级管理的原则。 根据能级原则，开辟多种走向人才的通道，并在这些不同的通道上设不同的台阶。 同时，按照不同行业的不同台阶，授予不同的职权，赋予不同的荣誉，给予不同的利益。 使人们的职、权、利基本上与其能质、能级相吻合。 使其谋其政，尽其责，得其利，充分发挥才能。 如果不分能级，一律对待，势必搞绝对平均主义，不是小材大用，就是大材小用，甚至正才歪用，造成人才能量的浪费。

（4）互补原则，即合理搭配各种工作人员，使之在专业、智能、素质、年龄等各方面相互补充，组成一种最佳结构的原则。 在现代社会里，许多工作需要许多知识、技能的联合攻关，不是一个人或一种人就能胜任的。 事实证明，如果各种人员搭配得好，就会产生最佳效能，产生新的力量，这种力量与一个个力量的总和有本质的区别。 如果搭配不好，就会互相抵消，造成一种力量的内耗。 每一个人都有自己的性格、脾气，每一个人又都有自己的爱好和特长，每一个人还有自己的经历和经验。 怎样才能使这些人和睦相处，同舟共济而不发生内耗？唯一的办法就是用互补原则去协调他们，用一些人的长处去弥补另一些人的短处。 互补原则体现在用人的多个方面，如"专业互补""知识互补""个性互补""年龄互补"。 长短相配，以长济短，形成多种具有互补效应的人才结构，才能调动人们的积极性和创造性。

（5）激励原则，即领导者采取肯定和奖励成绩，提出更大期望的方式，引起人们心理上的兴奋，产生新的动力的原则。在现代的用人过程中，激励越来越成为重要的手段。

（6）爱护原则，即通过爱护的手段，激发人们的积极性，从而更好地完成任务的原则。 爱护原则的第一个要素是尊重。尊重会产生一致的行动，尊重才会焕发内在的积极性。 爱护原则的再一个要素是关心。 用人者越是对被用者关心，被用者越能积极、忠诚地工作。 爱护原则的又一个要素应是宽容，以宽广的胸怀去对待别人的不足，如果对别人的短处"吹毛求疵"，那就会"水至清则无鱼，人至察则无徒"，看什么人也不会顺眼，根本不能领导和团结人们一起工作。

必须警惕的用人误区

当今时代，市场经济的激烈竞争其实就是人才的竞争、知识的竞争。 可以说，21世纪是知识经济时代，决定一个企业发展速度的不单是物质资本和资源，更重要的是起关键作用的人才资源，未来人才的竞争将变得越来越激烈。 科学、合理地造就人才、使用人才，成为当今企业竞争的焦点，企业之间的差距从根本上说是人的差距，谁拥有了人力资源并使其增值、升值，谁就会有竞争力，就会赢得市场。 因此，用人将成为企业领导者工作的一项重要内容，也是一项巨大的系统工程。 随着我国市场经济体制的不断完善，企业领导者的用人发生了一些显著变化，但许多领导者仍固守原有的思维方式和工作方法，陷入了一个又一个的误区之中。 总的来说，企业领导者在用人上有以下误区。

1. 害怕人才流失

一些企业为防止人才流失，常采取签订5～10年的工作协议、扣押人事档案、辞职罚款、令其退回住房等强制措施。可以说，这种做法是一种典型的用人上的误区，这些企业的老总们没有真正认清事物的本质，只看到了事物的表面现象，自认为通过此种强制性措施能够将人才留住，为企业的发展做出贡献。其实结果刚好相反，人才留下了，但身在曹营心在汉，留下来的是人而不是心，因此人才的积极性会大打折扣。

2. 用人片面强调经验和学历

目前，我国许多企业在人才的使用上，将经验放在重要位置，其实这一做法有失偏颇。经验固然重要，但经验本身有其固有的属性，由于不同企业的管理模式、发展战略、市场规划、生产形式等方面都有各自的特点，因此此企业的经验不等于彼企业的经验，任何人进入一个新的企业都不可避免地有一段摸索期，此为其一。其二是经验不等于才能。有经验的人思维一般都有一个比较固定的模式，工作方向也有一个固定的范围，喜欢按照以往的经验去做，很难有新的突破和改变。其三是有经验的人往往会滋生自满情绪，不思进取，缺乏工作激情。反观那些无经验的人，由于没有工作经历，因此会更加虚心学习，并充满激情地、全身心地投入工作。

除了看中经验外，企业用人看学历和文凭也成了一种不成文的规矩。其实这也是用人中的一大误区。企业用人主要是看其能力，学历、文凭并不等于才能。几年的大学或研究生教育，只是人生的一种经历和体验。毕业证书和学位证书不是能力的通行证。再说，目前我国的教育体制不够完善，从高校毕业的人才普遍与实践有一段相当大的距离，学过了不等于会用，会用也不等于能用好。如果学历高的人有一种优越感，把自己看成时代的宠儿，小事不愿干，大事干不了，没有从基层做起的决心和精神，会严重制约其发展。

3. 重亲避贤

重亲避贤的观念与疑人不用一脉相承，别人靠不住，靠得住的是父子、兄妹和亲戚。如果说疑人不用是埋没人才的话，那么，重亲避贤则是武大郎开店——拒能人于门外。在这种观念的支配下，许多家族式企业应运而生，尤其是在科技含量低的民营企业，大都是以夫妻店、父子店的方式起步，创业初期，凝聚力很强，但由于受眼界、度量的局限，发展就难了。在以血缘、亲戚关系为纽带的管理网络中，难容外人加盟，而自己的能力又极其有限，只能画地为牢、作茧自缚，于是便上演了一出又一出的悲剧，是家族的，更是社会的。

现代企业应该依靠共同的价值观来维系，而不是依靠亲情来维系，如果企业做不到这一点，那就离现代管理太远了。此外，自己人通常爱犯的老毛病就是往往不听上级的调遣，不遵守公司的规章制度，认为自己是老板的亲人，谁也不能拿自己怎么样。这些不良行为，会严重挫伤非亲属职员的积极性。

4. 仅用"外部人"

和上述有的企业爱用自己人相反，有的企业用人仅用外部人。有些企业一谈到人才，总是眼睛向外，问及本单位内部人才，总是摇头叹气；对外部人才厚爱偏爱，工资福利等待遇从优解决，唯恐怠慢了这些人才，而对本单位原有的人才却是另一种标准。这些企业仅用外部人的理由是外部人员能为公司带来新思想，能为公司注入新的活力。 事实上，变革与人才来源并不存在直接的相关性，如通用电气公司的历任总裁都成为了他们那个时代的变革大师，而他们没有一个是从通用电气公司外部招聘的。 那种仅重视外部人的片面做法在有意无意中冷落了本单位原有的人才，因而导致招来了外来女婿，气走了自己儿子的事发生。

5. 爱用"听话人"

几乎所有的企业领导者都认为，用人要用听话的人，便于指挥，不会违背上级旨意行事。 其实，这也是一种误区。 唯命是从的人往往是守成型的，改革创新精神差，打不开局面，而且连小事也难办好，在工作中缺乏灵活性，即使上级指令有误，他也照办无误。 而桀骜不驯者虽有点野性难驯，有时顶撞上司（多是工作上的分歧而引起），但性格刚直，做事果断，敢说敢干，尤其是不会唯命是从。 如果上级有错误，他会及时指出来，在执行上级指令时，他会根据具体情况随机应变。 如果在企业中官运亨通者都是一些听话之人，久而久之，企业就会形成能人莫进的局面，工作效能下降，这对企业未来的发展是极为不利的。

6. 无过是英雄

在我国的一些企业中，对人才的评价往往以无过为标准论英雄。 一般来说，这种在工作中从来不出差错的人，都是那些在日常工作中不求有功，但求无过，缺乏开拓进取、锐意创新意识和魄力的人。 虽然他们不会给企业造成什么显而易见的损失，但由于这种人在日常工作中缺乏进取精神和创新意识，很难给企业带来新的思想观念，更不可能给企业创造大的收益。大量事实表明，干工作越多，尤其是开拓性的工作越多，失误也就越多；不干工作或少干工作，当然就没有失误。 与我国企业以无过论英雄的做法刚好相反，在日本，许多企业以过错论英雄，哪位职员在工作中的过错越多，便奖励哪位职员。 这里所指的"过错"并不是主观上刻意造成的，而是无意识的失误。如果是主观上刻意造成的错误，那就另当别论，不但不能原谅，而且要采取处罚措施。

7. 认为"贪腥之猫"不是好猫

认为"贪腥之猫"不是好猫，这种说法似乎挺有道理，实际也是一种误区。 可以说，利益始终是人类行动的最大驱动器，没有点贪欲的人才，往往是碌碌无为的。 "人无贪心不赶场"，没有利益的驱使，自然也就不会努力工作，更谈不上拼搏，这类人是不可能为企业做出贡献的。 反之，一个人如果有合理、合法的追求，他就会为了达到这个目的，千方百计地努力工作，甚至不会让任何一个机会失之交臂，这类人工作干劲足，充满激情，富有活力和创造力。 人只有在欲望没有得到满足的情况下，追求才不会停止，因此，合理调动人的欲望，才能调动那些希望通过努力实现自身价值的"能者"的积极性，才不会埋没人才，才利于人才脱颖而出。

8. 不愿重用曾跳过槽的员工

中国有句俗话："好马不吃回头草。"现在许多企业主在对待离职员工的态度上也抱有同样的想法。 受传统思想的影响，他们认为跳槽员工的忠诚度值得怀疑，同时，返聘员工在面子上也说不过去。 其实这是一种错误的认识，现代人力资源管理体系中关于"惜才理念"的范畴是很宽泛的，人才的跳槽离去是公司的一种损失，人才跳槽之后的经历对他们而言是一份宝贵的财富，不同的环境和工作内容进一步锻炼了他们的能力，阅历也随之增加。 这样的人才对公司来说远比一个新手重要。

有数据表明，雇用一个新员工所支付的招聘、培训费用以及相关的业务耗费超过了需要支付给该员工的个人薪酬，但是如果这个人原本就熟悉公司现有的业务流程，能够顺畅地与公司管理层进行沟通，那么就无需支付上岗前的培训费用。

9. 重使用，轻培养

不少私企老板明确表示，现在需要的就是拿过来就能用的人才，而培养员工不仅耽误时间，还要投入资金，简直就是赔本买卖。 也有私企老板害怕投入资金培养出来的员工不安心工作，或者"跳槽"，要是跳到竞争对手的公司去，就更是赔了夫人又折兵。 而对许多人才来说，不断参加学习和培训是保证其技术水平跟上时代发展需要的前提。

10. 不查找员工离职的原因

美国哈尼根公司的总裁曾经说过："如果雇员桌子上一台价值 2000 美元的台式计算机不见了，公司一定会对此展开调查。 但是如果一位掌握着各种客户关系，年薪 10 万美元的经理被竞争对手挖走，公司就不会进行调查，员工们也不会被叫去问话。"有许多公司已经意识到他们正在失去那些优秀员工，但不知道他们为什么离开，甚至连他们去了哪里也不知道。 对于那些采取分级制度、按层次管理的公司来说，许多基层人员的要求及意见往往在送达高层管理人员之前，便已经被层层消磨扼杀。由于缺乏有效的沟通，许多公司一方面不断招人，另一方面大量的人才在不断流失却不知其因。

其实，那些任职时间超过 3 年的一般管理人员正是公司的中坚分子，这些人的年龄一般都在 40 岁左右，年富力强，充满活力并且经验丰富，他们默默工作却缺乏高层关注，奖励和升迁的机会也少得可怜。对这些员工来说，适当的沟通和升迁机会是防止他们跳槽的最好办法。因此，要让雇员相信，公司高层管理人员时刻在关注着他们的工作成绩并非常乐意倾听他们的意见和要求，只要有能力，他们会拥有很好的个人发展机会。

对于离职的员工，企业主管应尽量与其进行面谈，了解其离职的真正原因。通过谈话可以了解到离职者对公司管理层及所供职岗位的一些看法，根据实际情况对其工作环境和薪资结构进行调整，防止继续发生类似情况；此外，与离职员工好说好散，也可以避免一个潜在竞争对手的威胁。

用人要用其特长

一位合格的现代企业领导必须懂得取长补短、以长制短的用人原则，而力戒长短不分，以短为长的盲目行为，这样才能发挥员工在企业中的作用。

俗话说得好："尺有所短，寸有所长。"人有所长，也有所短。如果一个领导的手下个个都是天才，都是人才，多才多艺，完美无缺，这个领导也就太好当了！事实上，完美的人才是不存在的，也正是这一点缺陷考验着一个领导用人的才干：一个不合格的领导，只会用人之短，而不会用人之长；一个优秀的领导，则会用人之长，而不会用人之短。

1. 了解下属的优缺点

善于管理的领导应当了解下属的优点和缺点，并在适当的时候和恰当的位置上运用其人，这样就可以做到扬长避短了。在这里，我们先从性格出发，来分析下属的行为特征，从中分辨出下属的"长"与"短"，以便给领导用人提供参考。

（1）性格坚毅刚直的下属，长处在于能够矫正邪恶，不足之处在于喜欢激烈地攻击对方。

（2）性格柔和宽厚的下属，长处在于能够宽容忍耐他人，不足之处在于经常优柔寡断。

（3）性格强悍豪爽的下属，称得上是忠肝义胆，却过于肆无忌惮。

（4）性格精明慎重的下属，好处在于谦恭谨慎，却经常多疑。

（5）性格强硬坚定的下属，能起到稳固支撑的作用，却过于专横固执。

（6）精于论辩的下属，能够解释疑难问题，但性格却过于飘忽不定。

（7）乐善好施的下属，胸襟宽广，很有人缘，但交友太多，又难免鱼龙混杂。

（8）清高耿介、廉洁的下属，有着高尚坚定的情操，却过于拘谨约束。

（9）行动果断、光明磊落的下属，勇于进取，却疏忽小事，不够精细。

（10）冷静沉着、机警缜密的下属，善于探究小事，细致入微，却稍显迟滞缓慢。

（11）性格外向的下属，可贵之处在于为人诚恳、心地忠厚，不足之处在于太过显露，没有内涵。

（12）足智多谋、善于掩饰感情的下属，长于权术计谋，狡诈机智，富有韬略，但在决断时却常常模棱两可，犹豫不决。

（13）性格温和顺从的下属，行事迟缓，缺乏决断。

（14）勇武强悍的下属，意气风发，勇敢果断，但他们视和顺忍耐为怯弱，更加任性妄为。

（15）好学上进的下属，志向高远，他们不认为贪多务得、好大喜功是缺点，却把沉着冷静看作是停滞不前，从而不断进取，不甘心落后于人。

（16）性格沉着冷静的下属，做起事来深思熟虑，不觉得自己太过于冷静以至于行动迟缓，这种人虽然深谋远虑，却难以及时把握机会。

（17）性情质朴的下属，行事直率，这种人可以值得信赖，却难以指挥。

（18）富有谋略、深藏不露的下属，善于随机应变，取悦于人，因此这种人往往不会显露其真实的想法，表里不一。

以上 18 类不可能包容所有人，但是，已经大体表明这样一个道理：下属各有性格特征，皆有长短，关键在于领导如何根据工作的特性去精心安排下属。下属的优点是企业领导调控下属的核心，领导的职责是合理搭配下属的优缺点，否则就是不称职的。因此，善于发现下属的优点和缺点，并扬长避短，是企业领导不可忽视的用人之道。假如你是企业领导，不妨用归纳法逐个分析下属，分别找出他们的长处和短处，使其各有所用。

2. 用人特长的四个方法

扬长避短用人方略的运用，重点在于充分扬长。虽然扬长与避短是用人过程中对立统一的两个方面，但扬长是起决定性作用的主导方面。因为人的长处决定着一个人的价值，能够支配构成人的价值的其他因素。扬长不仅可以避短、抑短、补短，而且最重要的是，通过扬长能够强化人的才干和能力，使人的才干和能力朝着用人目标所需要的方向不断地成长和发展。

（1）按特长领域区别任用。主观和客观的局限性，决定了任何人只能了解、熟悉和精通某一领域的知识或技能，因此人在知识和技能方面的特长具有明显的领域性特征。一个人不管他在知识和技能上伸展得多么突出，成长得多么卓越，也只能在他所适应的领域具备特长，一旦离开他适应的领域来到不适应的领域，这些知识或技能上的特长就可能不会显示出优势，失去特长的意义。

用人必须根据人的特长领域性，坚持区别对待、因人而用的法则。用人时应该注意先要了解和弄清楚使用对象的特长是什么，这种特长适用于哪个领域，按照人的特长派用场，使工作领域与人的特长对口。工作领域和人的特长二者中，应把考虑的重点放在人的特长这一方，要因人而用，不要削足适履，人为地强求别人改变或放弃自己的特长勉强去适应工作。

善于用人的领导者，总是针对人的领域特长安排适宜的工作，分派适合的任务，以发挥人的特长优势。

朱元璋打天下的时候，从浙东得到"四贤"，他根据他们各自术业的专攻，予以不同使用。刘基善谋，让他留在身边，参与军国大事；宋濂长于写文章，便叫他搞文化；叶琛和章溢有政治才干，派他俩去治民抚镇。

拿破仑也很注意按人的特长去用人，他所组成的政府，立法、财政、内政大臣都由学有专长的著名学者担任。按照特长领域性去用人，常常会收到最佳的用人效果。

（2）按特长的变化而用。人的特长虽然只适用一定的领域，但也不是一成不变的。人的特长还具有转移性，可以从这一领域向另一新的领域发展，发展的结果往往是新领域特长超过原领域特长。这种特长转移的现象在人类的创造发明活动中可以找出许多的例子，如新闻记者休斯发明电炉，画家莫尔斯发明电报，软木塞的经销商人吉勒特发明安全刮脸刀，记账员伊斯曼发明新的照相技术等。

这些特长转移的人，往往是难得的优秀人才。他们之所以发生特长转移是因为创造性思维活跃，敢于冲破习惯的束缚，善于进行创新活动，具有一般人所不及的开拓精神和创造能力。

发现人的特长转移之后，用人者要及时调整对人的使用，要尽可能地重新把他们安排到适合新特长发挥的工作领域，为保护新特长的发展，促进新特长的发挥创造良好的环境和条件。

（3）把握最佳状态，用得其时。 人的特长随着人的年龄变化、精力的变化有可能增长，也有可能衰退。 这种特长的增长或衰退就是特长的衰变性。 它的变化轨迹呈曲线，一般是开始向上增长，当增长到峰值期的时候，特长不再增长，保持一个阶段之后就向下衰退。

由于每个人的情况不同，各个人的特长衰变速度有快有慢，衰退期的到来有早有迟，特长峰值期的持续时间有长有短。

了解了人的特长的衰变性，用人就要讲究用得其时，要在人的特长上升增长阶段和峰值期予以重用，以便充分让他们的特长发挥作用，不要等进入衰退期了再用。 到那时，人的特长发展阶段和高峰保持阶段已过，再用就很难起到扬长的作用了。

（4）善于开发、挖掘和培养人的特长。 人的特长具有用进废退的性质，特长越是用它，它越能发展，越能增进它的优势。相反，如果不用它，那它得不到增进发展的机会，久而久之，就会退化萎缩。

用人应懂得人的特长用进废退的道理，要善于在使用中开发人的特长。 挖掘人的特长，促进人的特长发展。 在实践中培植人的特长，养育人的特长，开发人的特长。 发现和看到人的特长而不使用，不仅是最大的人才浪费，而且也是对人才的一种可怕的压抑。

用人要善于委派任务

委派工作看似小事，却是体现管理者用人艺术的关键之处。委派工作给合适的人是工作任务高效高质量完成的保障。

身居管理者位置的领导者并不一定会自然产生正确委派工作给别人的能力。事实上，许多领导者常常是非常拙劣的委派者。他们虽然也分配工作，但对工作的情况、下属的情况却不完全了解。他们常常把工作分配给不适当的人去做，结果当然不会好。等到浪费了很多时间以后，他们便又卷起袖子亲自去做。这样一来，不仅浪费了时间和金钱，而且打击了下属的积极性。

现代领导者的一个非常重要的职责就是要把工作委派给别人去做。怎样才能做到有效委派呢？美国的皮尔斯提出了有效委派的七个步骤。如果你能认真地参考这些步骤，就能够提高自己的用人能力，改进部门的工作，提高企业的效率，把自己从具体事务活动中解放出来。

1. 选定需要委派的工作

认真考察要做的各种工作，确保自己理解这些工作都需要做些什么、有些什么特殊问题或复杂程度如何，在你没有完全了解这些情况和工作的预期结果之前，不要轻易委派工作。

当你对工作有了清楚的了解以后，还要使你的下属也了解。要向处理这项工作的下属说明工作的性质和目标，以保证下属通过完成工作获得新的知识和经验。如果把工作委派出去以后，还要确定自己对工作的进展情况的了解，那就要亲自处理这项工作，而不要把它委派出去。

切记不要把"热土豆"式的工作委派出去。所谓"热土豆"式工作，是指那些处于最优先地位并要求你马上亲自处理的特殊工作。例如，你的上司非常感兴趣和重视的某项具体工作就是"热土豆"式工作。这种工作你要亲自去做。另外，非常保密的工作也不要委派给别人去做。如果某项工作涉及只有你应该了解的特殊信息，就不要委派出去。

2. 选定能胜任工作的人

建议你对下属进行完整的评价。你可以花几天时间让每个下属用书面形式写出他们对自己职责的评论。要求每位下属诚实、坦率地告诉你，他们喜欢做什么工作，还能做些什么新工作，然后，你可以召开一个会议，让每个职员介绍自己的看法，并请其他人给予评论。要特别注意两个职员互相交叉的一些工作。如果某职员对另一职员有意见，表示强烈的反对或提出尖锐的批评，你就要花些时间与他们私下谈谈，在这种评价过程中，你还需要了解工作和职员完成工作的速度。你要通过这种方式掌握职员对他自己的工作究竟了解多少。

如果你发现有的职员对自己的工作非常了解，并且远远超出你原来的预料，这些人就有担负重要工作任务的才能和智慧。

了解职员完成工作的速度是另一个重要任务。例如，你可能知道一位秘书的打字速度是另一位秘书的两倍，或者一个助手完成同样困难的任务所用时间是另一助手所用时间的一半。一旦你掌握了每个工作人员对其工作了解的程度和完成工作的速度等情况以后，就可以估计出每个人能够处理什么样的工作了，也就可以回到委派工作的分析上来，决定把工作委派给能达到目标要求的人。

如果你对职员的分析正确无误，那么选择能够胜任工作的人这一步就比较容易做好。回到对工作的了解和职员完成工作速度这两个主要标准上来，然后，你再决定是想把工作做得好还是快。这种决策目标将会向你说明能够胜任工作的人是什么样子的。这样，你就有可能让最有才能的职员发挥最大的作用。但有一点也要记住，那就是你要尽量避免把所有的工作都交给一个人去做。

除了上述两个主要标准以外，其他因素也在委派工作中选择合适的人上起作用。时间价值就是一个很重要的因素。要注意不要把次优先的工作分配给公司中具有很强时间价值观念的职员去做。不量才用人，既浪费钱财，又影响职员的积极性。

总之，只要认真根据职员对工作的了解、完成工作的速度、时间价值观念和对他的培养价值这几条原则办事，就可以选择出能够胜任你要委派的工作的人。

3. 确定委派工作的时间、条件和方法

大多数管理者往往在最不好的时间里委派工作，他们上午上班后的第一件事便是委派工作。 这样做可能方便管理者，但却有损于职员的积极性。 职员有什么感觉呢？ 下属带着一天做些什么的想法来到办公室，一上班却又接到新工作，他们被迫改变原定的日程安排，工作的优选顺序也要调整。 这样做的结果便是时间的浪费。

委派工作的最好时间是在下午。 你要把委派工作作为一天里的最后一件事来做。 这样，有利于下属为明天的工作作准备，为如何完成明天的工作作具体安排。 这样做还有一个好处，就是职员可以带着新任务回家睡觉，第二天一到办公室便集中精力处理工作。

面对面地委派工作是最好的一种委派方法。 这样委派工作便于回答下属提出的问题，获得及时的信息反馈，充分利用面部表情和动作等强调工作的重要性。 只有对那些不重要的工作才可使用留言条的形式进行委派。 如果要使下属被新的工作促进和激励，就要相信在委派工作上花点时间是值得的。 写留言条委派工作，可能快并且容易做到，但它不会给人以深刻和重要的印象。

4. 制订确切的委派计划

有了确定的目标才能开始委派工作。 谁负责这项工作，为什么选某人做这项工作，完成这项工作要花多长时间，预期结果是什么，完成工作需要的材料在什么地方，下属怎样向你报告工作进展等。 委派工作之前，必须对这些问题有明确的答

案。 你还要把计划达到的目标写出来，给职员一份，自己留下一份备查。 这样做可以使双方都了解工作的要求和特点，不留错误理解工作要求的余地。 应该让这种委派计划指导有效委派工作的全过程。

5. 执行委派计划

在委派工作之前，需要把为什么选他完成某项工作的原因讲清楚，关键是要强调积极的一面。 向他指出，他的特殊才能是适合完成此项工作的，还必须强调你对他的信任。 同时，还要让下属知道他对完成工作任务所负的重要责任，让他知道完成工作任务对他目前和今后在组织中的地位会有直接影响。

在解释工作的性质和目标时，要向下属讲出你所知道的一切。 不要因为没有讲完所掌握的信息，而给下属设下工作的陷阱。 你要把所有的目标全部摆出来，比如是谁要求做这项工作的、要向谁报告工作、客户是谁等等。 还要把自己在这个工作领域的体验也告诉下属，让他了解过去的一些事情是怎样处理的，得到了一些什么结果等。 要让下属完全理解你所希望得到的结果。 如果可能，尽量列出具体目标。 那种"这件事需要快办"的说法不是对工作的充分解释。

给下属规定一个完成工作的期限。 让他知道，除非在最坏的条件下才能推迟完成工作的期限。 向他讲清楚，完成工作的期限是怎样定出来的，为什么说这个期限是合理的。 另外，还要制定一个报告工作的程序，告诉他什么时间带着工作方面的信息向你报告；同时，你也要向他指出，工作的期望结果是什么，使他明确要求。

最后，你要肯定地表示自己对下属的信任和对工作的兴趣。像"这是一项重要工作，我确信你能做好它"这样的话，可对下属起到很大的激励作用。总之要记住，委派好工作，不仅能节约时间，而且可以在职员中营造出一种畅快的工作气氛。

6. 检查下属的工作进展情况

制订一个评价委派出去的工作进展情况的计划需要技巧。检查太勤会浪费时间，对委派出去的工作不闻不问也不妥。

对不同的工作，检查计划也有所不同。这主要取决于工作的难易程度、职员的能力及完成工作需要时间的长短。如果某项工作难度很大并且是最优先的，就要时常检查进展情况，每一两天检查一次，保证工作成功而又不花费太多时间，这类工作都有一个内在的工作进展阶段，一个阶段的结束又是另一个阶段的开始。这种阶段的停起时间也是检查和评价工作进展情况的最好时间。当你把一项有困难的工作委派给一个经验较少的下属去做时，不论从必要性还是从完成工作的愿望上来讲，多检查几次进展情况都是有益的。对这种情况，你可以把检查工作进展的次数定为其他下属的两倍。除了定期检查工作以外，还要倾听下属的意见和工作进展情况的报告。要让下属知道你对他的工作很关心，并愿意随时和他一道讨论工作中遇到的各种问题。

你既然把某项工作交给了下属，就要相信他能胜任这项工作。因此，每周检查一次工作也就足够了，但要鼓励下属在有问题时随时来找你，另外还要让他们懂得你的鼓励不是不必要的打扰。

评价工作进展的方法必须明确。 要求下属向你报告工作是怎样做的，还有多少工作没有做完，让他告诉你工作中遇到的问题和他是怎样解决这些问题的。 最后，你要用坚定的口气向下属指明，必须完成工作的期限和达到要求的行动方案，促使下属继续努力工作。

7. 检查和评价委派工作系统

当委派出去的工作完成以后，你要在适当的时候对自己的委派工作系统进行评价，以求改进。 可以组织一个小组，小组中的每个成员都可以评价和批评他们在完成委派工作中的表现。 最好是要求大家用书面形式把意见写出来，然后召开一个短会对这些书面意见进行讨论。

为了做好委派工作系统的评价工作，需要解决这样一些问题：工作是否按期完成，工作的目标是否达到，下属是否创造出了完成工作的新方法，他们是否从工作中学到了一些新东西或得到了某种益处。 把这些问题作为评价委派系统工作情况的基础，邀请下属进行评论。 实践证明，最准确的评价和最要害的批评往往来自下属。 因为他们是任务的执行者，对评价委派工作系统要比管理者更有发言权。

评价过程中的一个重要方面是要实行奖励。 怎样奖励一个工作做得好的助手？ 许多情况下，管理者"奖励"给下属的往往是更多更重要的工作，因为事实证明他能干，为什么不让能干的人做更多更重要的工作呢？ 这种想法和做法从道理上讲无可非议，但实际上却有点滥用职权，如果一个有才能有责任心的下属觉得他工作成功的奖赏只有更多的工作负担，特别是当他所做的工作是其他人的两倍而报酬却没有相应增加时，他便很难受到激励。

尊敬和赋予新的工作责任是对下属的奖励，但一味地加重工作负担则不在此列。 即使你从内心里认为对下属的信赖是一种极大的奖赏和促进，那也不行。 比较好的办法是，向他们透露一点个人的事情，如你与上司的问题，你对其他有关工作的反对意见、批评和评论等。 透露这类内部信息表明你对他的信任和尊敬，会鼓励他更有效地工作。

提高员工的忠诚度

员工的忠诚与否是企业生存和发展的关键，它是凝聚整个企业的黏合剂。 企业只有真正获取人才的心，才有望在日趋激烈的竞争中立于不败之地。

1. 发展和壮大的基础——忠诚

忠诚是职场中最应值得重视的美德，因为每个企业的发展和壮大都是靠员工的忠诚来维持的，如果所有的员工对公司都不忠诚，那这个公司最后的结局只能是破产。

只有员工对企业忠诚，才能发挥出团队的聚集力量，推动企业走向成功。 同样，一个员工，也只有具备了忠诚的品质，他才能取得事业的成功。

员工对企业的忠诚究竟会对企业产生什么样的影响呢？ 我们来看看凯特的故事。

凯特相貌普通，学历也不太高，在一家房地产公司做电脑打字员，每天都有打不完的材料。凯特知道工作认真刻苦是她唯一可以和别人一争短长的资本。她处处为公司打算，打印纸不舍得浪费一张，如果不是要紧的文件，她会把一张打印纸两面用。

一年后，公司资金运作困难，员工工资开始告急，人们纷纷跳槽，最后总经理办公室的工作人员就剩下她一个。人少了，凯特的工作量也陡然加重，除了打字，还要做些接听电话、为老板整理文件的杂活儿，但凯特毫无怨言。

看着日渐消沉的总经理，凯特心里非常着急，终于，有一天，凯特走进总经理的办公室，直截了当地问道："你认为你的公司已经垮了吗？"总经理很惊讶，说："没有！""既然没有，你就不应该这样消沉。现在的情况确实不好，可很多公司都面临着同样的问题，并非只是我们一家。而且虽然你的1500万美元捆在了工程上，可公司没有垮呀！我们不是还有一个经济公寓的项目吗？只要好好做，这个项目就可以成为公司重整旗鼓的开始。"说完她拿出那个项目的策划文案。隔了几天，凯特被派去实施那个项目。两个月后，那片位置不算很好的公寓因为设计合理、价格适中，已经全部先期售出，凯特为公司拿到 3800 万美元的支票，公司终于又有了起色。

以后的 4 年，凯特作为公司的副总经理，为公司做了好几个大项目。后来，当公司改成股份制时，总经理当了董事长，凯特则成了新公司第一任总经理。在庆祝会议上，大家一定要请凯特为在场的数百名员工讲几句话。

凯特说："我为公司做得不多，仅仅是忠诚而已。"

确实，如果一个人一面在公司工作，一面却在打着个人的小算盘，不去考虑公司的利益，怎么可能为公司去牺牲自己的利益呢？ 凯特在公司最危险的时候对公司忠心耿耿，献计献策，帮了公司的大忙；当公司走上正轨后，凯特更加尽自己所能为企业出力，成就了自己的事业。

那么，如何才能让员工忠诚于公司呢？ 首先应从对员工的工作和生活负责开始，以及保护员工的就业稳定，给予合理的薪资和福利，提供增长才干的机会，帮助和促进员工个人发展等。 那些能够赢得员工的忠诚的企业无一不是对员工承诺并且真正担负起了相应的责任和义务。

三洋公司就是通过改变员工的工作环境和工作情绪来赢得员工的忠诚的。 三洋岐阜公司开业时，由于工厂位置在乡下，比较偏远，工人总是招不足。 三洋公司的经理井植薰就号召工人在厂区一起种蔷薇花，使工厂看上去像一片花的海洋。 工人在这样的环境中工作，心情极为舒畅，更主要的是体会到了三洋公司是把员工放在首位的态度，因此工作热情高涨。 这个消息传出，招工人数很快达到定额。 随后，三洋公司还包租了一列专车，用蔷薇把列车装扮得绚丽多彩，用这趟"蔷薇专列"把新招的工人送到工厂。 而且，井植薰还和员工一起栽种蔷薇，装扮工厂，更加深了员工对企业的认识，从而培养了员工的忠诚感。

很多管理者认为忠诚是对员工的单方面要求，很少考虑企业对员工的责任以及员工对企业的期待，即企业也应该忠诚于自己的员工。 其实，一些企业总认为给员工发了工资，就有权利要求员工忠诚，否则员工就不道德。 但是，这种靠报酬赢得员工忠诚的想法是幼稚可笑的。 单纯的工资，并非是企业对员工的忠诚与负责，只是对员工付出体力和脑力的报酬和交换。至于采用强制手段维系员工对企业的忠诚更是不可能实现的。在法律许可的范围内，企业有权命令其员工每周工作五天，每天工作八小时，保质保量完成任务，却不能命令任何员工忠诚于企业。 忠诚纯粹是员工的心理感受和自觉自愿行为，强制对它来说没有任何意义。

只有当员工内心深深感受到企业对他的工作、生活及未来的真诚负责时，他才会与企业实现心理上的交换，自觉自愿地忠诚于企业、奉献于企业。 否则，忠诚便无从谈起。

2. 让员工以企业为荣

在任何一个公司，不论管理者多么有才能，推动公司前进并为公司带来效益的最终还是员工。 因此，为员工创造良好的工作环境，让他们以自己所在的企业为荣，是每一个管理者必须要做的工作。只有有了以企业为荣的观念，员工才会对企业产生忠诚欲望。试想，一个不热爱自己企业的员工怎么会对企业有忠诚感呢！

美国商界的传奇人物艾柯卡曾说："我要让公司所有的员工都知道，他们是在优秀的企业中工作，我相信自豪感与自信会创造辉煌。"作为总裁，他相信，喜欢自己所从事的事业是员工工作的原动力，当每个员工说出"我是克莱斯勒的一员"时，他们都有一种主人翁的自豪感，随之产生的忠诚感是不言而喻的。

有一家公司，圣诞节快到的时候，公司经理将特制的精美台历作为礼物送给每位员工。在每一页的背后全是语录与一些重大事件、事迹的记录。这些语录都是员工在过去的一年中对工作的心得体会与总结，还有一些是善意的抱怨。细心的经理将这些资料经过整理，加工制作成了这个有如员工感言录的台历。在台历中，有几页是这样写的：

我发现我有良好的口才与组织才能，但我现在所在的部门不太适合我，可否让我换个环境试一试。

大家都知道质量的重要，可为什么质量还是没有改进，我觉得我们缺乏一个有效的监督机制。

这些出自员工之口的话，让员工们通过这本精巧的台历再回味一次，他们心里别提有多高兴了。

这本台历的特别之处还在于将公司在上一年度发生的较重大的事件与员工的事迹，都按照月、日写进其中，在相关的每页中都有总经理的致谢信与亲笔签名。

毋庸置疑，这一本本赠送给员工的台历，确实是最好的圣诞礼物，员工在感受到了企业关怀的同时，也一定会为拥有这样一个温暖的环境而感到无比自豪。在自豪的同时，又怎么能不深深热爱自己的企业，又怎么能不对企业产生忠诚感呢？

麦当劳的员工遍布世界各处，他们鲜艳的制服、敏捷的身手、饱满的热情，会让每一个人在吃快餐的同时，领略到一种快感。员工们工作时的自豪感也深深感染着每一位顾客。

麦当劳的一家连锁店的经理这样说："公司如果名扬四海，遥遥领先，那么你的员工会感到他们都成了明星，而他们也会像明星那样工作。员工的自豪感与主人翁精神需要你对他们的关怀，同时也来自于企业所创造的成绩，以及所赢得的声誉。"

麦当劳的每一位员工都深切地懂得那个 M 字样代表着什么含义，身处的企业是全球最大的快餐店，也是有着最多连锁店的大型企业集团，自己也应该以最好的服务来为之奉献。

员工的自豪感确实是可以培养的，无论是从印满员工心语的特制台历中，还是从麦当劳 M 字样的神奇魔力里。同时，这种自豪是要从小处抓起的。具体应该如何做呢？松下幸之助在这方面给我们提供了很好的借鉴。他善于从小处激发员工的责任感，培养他们的自豪感，以此来提高员工的忠诚感。

多年以来，松下公司制定出一整套规范和措施，并在日常工作中加以推行。职工在早晨正式上班后，利用几分钟时间，列队唱公司的社歌，背诵公司的"七精神"，最后还要自我宣誓，"作为一个产业者，决不违背自己的本身"。下班

106

前的几分钟，职工还要对照公司的"七精神"检查一天的言行。 在福利方面，松下在日本最早实行了每周 5 天工作制。然后又建立了一种住宅制度，规定每一个职工，达到 35 岁时，可拥有一套自己的住宅。 后来还建立了养老金制度，把职工的退休金改为终身养老金，并对死亡职工家属发放年金。松下公司还兴建了各种娱乐设施，如体育馆、游泳馆、运动场、棒球场等。 丰富员工的业余生活，以此增强企业的凝聚力，并帮助员工解除后顾之忧，在工作中可以全心全意地为企业效力。

3. 培养员工以企业为家的观念

如果你想调动员工的积极性，就必须把他们看成一家人，对待他们就像对待自己的家庭成员一样。 难以想象，一个家庭成员会对自己的家庭做出什么有危害的事。 如果能培养员工以企业为家的观念，员工的忠诚感自然就会大大提高。

在这一方面，日本的索尼公司值得称道。 索尼公司从一个小手工作坊、街道小工厂发展成为一个世界级的技术先进的跨国公司，它成功的经验之一，就在于培养全体员工的家庭意识。

索尼公司总裁盛田昭夫谆谆教诲新加入公司的员工："索尼是个亲密无间的大家庭，每个家庭成员的幸福全靠自己的双手来创造。 在这种崭新的生活开始之际，我想对大家提出一个希望：当你的生命结束的时候，你们不会因为在索尼度过的时光而感到遗憾。"

索尼公司是这么说的，也的确是这样做的。 索尼公司真的就像一个大家庭，绝大多数员工都会在索尼度过一生。 在公司里，管理者同员工之间关系并不对立，而是把所有员工看作索尼家庭成员。 索尼工厂的任何一位管理人员（包括厂长）都没有自己的个人办公室。 索尼提倡管理人员和他的员工在一起办公，并共用办公用品设备。 索尼强调家庭式的责任感和协调精神，以此激发每位人才的主动性和积极性，激发他们参与管理的热情。

索尼大家庭式文化还表现在对员工的关心和对偶然过失的包容上。 如果发现某个员工更适应其他职位的工作，公司决不会漠然视之。 索尼也从来不因为某个员工的偶然过失而解雇职工，而是给他一个改正的机会。 索尼认为，最重要的不是把错误归罪于某人，而是找出错误的原因。 正是这种做法，培养了员工以企业为家的观念，使索尼公司变成一个充满人情味的企业。 也正是这种做法，大大提高了员工的劳动积极性，培养了员工对企业的忠诚感。

企业家创立一个公司，是为了实现他自己的设想。 但是一旦招聘了员工，就必须把他们看成是同事、合作者，而不是赚钱的工具，因为投资者、管理者、雇员的地位是平等的。 那些处在上层的人员有责任忠实地领导这个大家庭，并关心所有人员的利益。 因此，索尼公司的全体成员产生了一种心理上的向心力，每人都自觉地在公司中培养这种家庭式的感情。

不仅仅索尼公司这样，松下幸之助也同样把员工当作家庭成员一样对待，培养每个员工以企业为家的观念，结果在公司最不景气的时候，正是员工以企业为家的观念促使他们共同努力挽救了公司。

当时，日本的经济很不稳定，由此带来了社会不安。情况愈来愈严重。松下电器也和其他企业一样，销售额剧减，仓库里已经堆满了滞销品。更糟的是，工厂创建不久，资金短缺，可以算得上举步维艰。松下幸之助感到，若情况持续下去，不久之后，只有倒闭这一条途径了。

为了应付销售额减少一半的危机，生产量也只好随着减少一半，同时员工也要减少一半。就在这个紧要关头，松下幸之助却又躺倒在病床上。替松下幸之助看管工厂的井植和武久两位经理，花了很多心思思考如何解决这个问题。他们的结论是：为了解决目前的窘困状态，只好先裁减一半的员工。

当松下幸之助听到这个结论时，他立即否定了这个决定。松下幸之助告诉他们："员工来到我们公司，我们就要让他们把企业当作自己的家，并且要培养他们以企业为家的观念。现在正是一个好机会，我们可以利用这次危机，把这种'以企业为家'的观念教给员工，在家困难的时候，应该发动所有员工为拯救'家'而努力。"然后他下达命令："生产额立刻减半，但员工一个也不许解雇。工作时间减为半天，但员工的薪资全额给付，不减薪。不过，员工们得全力销售库存。用这个方法，先渡过难关，静候时局转变。照这种方法行事，我们也可以获得资金，免于倒闭。"松下幸之助认为，如何使员工们有"以企业为家"的观念，才是最重要的。

两人听了松下幸之助的话后，很受启发，当即表示要立即实行。他们回去之后，便集合全体员工，将松下幸之助的意思传达，并表示将按松下幸之助既定的计划做事。员工们听后欣然表示愿尽全力销售公司的库存。 令人吃惊的是，公司所生产的产品，由于员工的倾力推销，不但没有滞销，反倒造成生产量不够销售的现象，创下公司历年来最大的销售额，解决了公司的危机。

松下幸之助的想法和作风，对松下电器全体员工而言，是一种难能可贵的体验，也是令他们对公司产生信心的最好机会。 松下电器"员工以企业为家"这种强有力的信念，就是在此时培育出来的。

领导者如何肯定和赞扬下级

领导者怎样做才能最大限度地发挥手中权力的功效？ 重在批评还是重在表扬？ 这既是工具理性问题，更是价值理性问题。 政治家从事政治——"管理众人之事"，就必须深谙并尊重众人的脾性，最大限度地调动大家的积极性。 超越下属的心理习惯、文化构成，权力的运作就会违拗众人，得不到良好的效果。

表扬、肯定下属的成绩的原因包括以下几方面。

第一，能使下属对上级的指令获得更深刻、更全面的认识。 在下属的成绩面前，上级赞许地说："你做得对！ 干得好！"那么下属在高兴的同时便自然会领悟到这种"对""好"原来是以上级的价值取向和操作规范衡量出来的。 如此，每表扬一次下属，便是对上级决策的不可移易性的一次新的确证。

第二，通过下属自己获得成就感，让下属更加认同自身的能力和价值。仅仅让下属领悟到上级的坚强和能力是不够的，甚至还可能是有害的。下属在上级的巨人形象前只感到自己的低能、卑微，产生自我人格萎缩效应，那会是领导者面临的莫大的隐忧和危险。真正的强人所具有的重要的一点就是让身边的人都拥有坚定的人格信念。领导者应该善于选择合适的时机向下属灌注"你行"这样的精神激素。要实现"强将手下无弱兵"，必须做到"强将不言兵弱"。

第三，褒扬取得成功的下属必然激发下属之间的竞争。下属的创造活力、开拓精神常常因彼此之间的成就的差异而被激活。而上级对某个成绩斐然的下属进行称赞，会让这种差异加剧，使更多的人胸中平添一种蓬勃向上之气，产生"我比你厉害"的竞争意识。这正是事业发展的基本动力源。那种以为张扬下属的成绩会破坏团结和谐氛围的见解，是一种庸俗见解。

第四，肯定和表扬下属成绩和良好思想品格，实际上就是对另一种与之相对立的倾向的有力否定和批评。直接指斥某种倾向的危害，明白地提出某种诫令，也行得通。但是平心而论，这只能是一种辅助手段，效果也有限。实际上，指出"什么不好""不要干什么"，只能解决眼前的问题，因为人的精神和行为不会出现空白，这个不行就做那个，而干那个是否正当，可能又是问题。倘若及时向人们说明"怎么做""做什么""什么好"，那就从根本上解决了问题。因此，对待下属的行为，肯定、赞扬要比否定、批驳来得更为直接。 正是从这个意义上说，榜样的力量是无穷的。 通常，下属的活动都是自觉地指向上级确定的目标，遵循着上级的规约而展开的，主观上是希望取得成功的。 然而，由于受着个人的智力、学识、经验等种种因素的制约，其活动结果不尽如人意或者出现大的错误也是不可避免的。

出现失误后，下属内心惴惴不安，上级该做如何处置？ 简单的方法当然是论过行罚。 但是，只有这一条并不明智，宽容是更明智的选择。

在必要的批评和处罚之外，应当公正地对其过失之外的成绩、长处予以肯定，对其深切的负疚感、追悔心予以彰明。 这样下属会心生温暖，决心日后努力工作、将功补过。

表扬既要突出重点，又要顾及全局

肯定和赞扬有成绩的下级，不可避免地会让未受赞扬的下级感到不平衡，这对于激励众人是必要的。 但是这种效果通常是在客观情况下产生的，领导者不应采取双管齐下、曝此寒彼的方式。 因为个体之间的差异有着条件性，某人有一种长处，而其他人没有条件，就不一定能够形成这种长处。 如果极力赞扬某个下属的长处，而对其他不具备此种长处的人倍加贬损，那将会严重地损伤众人的自尊心和对领导者的依赖。 如此，非但收不到预期效果，相反可能会造成领导者、被表扬的下级与未被表扬的众人之间的疏离。

例如，有个成绩不错的工作小组，每次都在全厂名列前茅。但是小组中只有几个工人（张某、王某、李某）表现特别突出，其余人则成绩平平。厂长在视察时很清楚这一点，但他可能是为了照顾大家的情绪，或者是不习惯表扬其中几个人，就说："大家都工作得很好，继续保持努力呀！"整个小组都得到了表扬但没有突出个人，便打消了几个特别突出的工人的积极性，使他们向普通工人靠拢。如果他这样说："这个小组成绩不错啊！特别是张某、王某、李某几位同志工作效率尤其高，成绩很出色，其他人还要继续努力向他们学习。"这样，就做到了既突出重点，又不损伤其他人的自尊心，效果会更好一些。

领导者肯定和赞扬下级的语言不可温吞，要具备应有的热度。但是过高地评价下属的成绩，人为地赋予成绩本身不曾有的意义、价值，甚至只是为了表扬而表扬，那么这样的肯定和赞扬就会产生负面效应。

第一，会使受肯定和赞扬的下级产生自我满足的心理，误以为自己的做法真的具有那样高的意义和价值，从而坠入"一览众山小"的迷雾中，损害其开拓意识。

第二，会造成其他下属的逆反心理。人们崇敬的是真正的楷模，不是人为树立起来的拔高典型。对于那些名实不符的样板，人们会产生不服气甚至厌弃的情绪，不但起不到应有的示范作用，反而会离散与下属之间的团结协作关系。

第三，容易滋长下属不务实、求虚名的不良风气。当下属看到小有成就也可得到极高的赞扬、奖励时，就会动摇务实的心态，这样就难免产生浮夸、造假、沽名钓誉、邀功求赏等现象。 本来作为一种激励手段的表扬就会异化成下属心目中的目的，曲解了其本意。

第六章
制定目标科学考核，管好人就能成事

有目标才能有的放矢

对于没有航向的船来说，任何方向的风都是逆风。

航向就是做事情的目标，做任何事情都必须有明确的目标，然后才能够将事情做好。 对于领导者来说，正确地做事情固然重要，但首先必须做正确的事情。 明确目标，不仅是为自己，也是为全体员工。

许多领导者做事没有明确的方向，不知道自己该何去何从，一会儿向东，一会儿向西；一下子试试这个办法，一下子用用那个办法。 做得不如意，就马上换一个方向，运气好时就能收到一些成效，运气不好就会有损工作业绩。 往往一听说谁怎么做好，就立刻学着人家做，这些领导者似乎永远没有固定的方向，因此工作业绩也不尽如人意。 其实，这些领导者的问题很简单，就是根本不知道应该追求什么。

诚如一位成功学大师所说："人的头脑具有一种像导弹一样的自动导航功能，一旦人有了明确清楚的目标后，头脑就会自动发挥它无限的能量，产生强大的推动力，并且能够不断地瞄准目标和修正你的行为，自然地引导我们向目标的方向前进。"对于领导者来说，在头脑进行这种运作的过程中，最重要的不只是设定一个明确的目标，而还要十分明确达成这个目标的"原因"，毕竟原因主导一切，也只有这个原因才是让人持续朝目标前进的原动力。

瓦伦·本灵斯研究了 90 位美国杰出的领导者，发现这些人有四种共同的能力：令人折服的远见和目标意识；能清晰表达目标，使下属明确目标；对目标的追求表现出一致性和全身心地投入；了解自己的实力并以此作为资本。

学会对各项工作进行检查

有布置而无检查，是领导者失职的表现；虽有检查，但不得其法，缺乏这方面的领导艺术，也收不到良好的效果。根据许多领导者的经验，要做好检查工作，必须从以下几个方面去努力。

1. 事先要有准备

检查工作是一件严肃而细致的事情，如果毫无准备，心中无数，就不要下去，而应准备好了再说。所谓准备，就是对所要检查的工作，在总形势上有一个基本的了解，在方针政策上比较熟悉，对倾向性问题也要心中有底，以便更有针对性地进行检查。不然，下去之后，就容易出现一问三不知，或说错话，出歪主意的现象。同时，对检查的重点在哪里，哪个是关键部位，何处是薄弱环节，也要基本掌握，不然就会收效甚微。对于一些大规模的、复杂的检查项目，事先要有一个较详尽的计划，人力如何配备、时间如何安排、要达到什么要求、采取哪些方法步骤，都应事先讨论明确，然后按照要求分工，各负其责。

2. 不要为检查而检查

检查下属的工作，主要是检查对路线、方针、政策的执行和落实情况，看下属是否准确迅速、积极主动、卓有成效地完成应该完成的各项任务，这是检查工作的主要目的和内容。但检查工作不是一件单一的、孤立的事情，如前所述，它也是搜集信息、考察培养干部、推进工作、提高自身领导素质的重要渠道。既然检查工作这件事有着如此丰富的内涵和重要的意义，它也就理所当然地成为领导者的一个重要职能，就应当把它放到应有的突出位置上，下大力气抓好。如果能意识到这一点，就不会为检查而检查，或把检查工作看得过于简单，在行动上，就不会粗枝大叶，草率行事，而是自觉地把上述要求作为努力实现的目标，坚持标准，从严要求，达到高质量、高效益。

3. 检查要有标准

检查工作没有标准，大家就无所遵循。一般来说，要以原来制定的目标和计划为标准，但是又不能把这个标准定死了。它既是确定的，又是不确定的。所谓确定的，是说必须拿目标、计划作为尺度来衡量实际工作情况，非此不成其为检查工作。所谓不确定的，就是不能削足适履，硬要客观事实符合主观认识。为此，检查可以分为三步：第一步是以既定目标和计划为标准，衡量工作进展情况及绩效；第二步是以实践结果为标准，同时，也有利于领导者集思广益；第三步是专门班子与领导者相结合。在现代化大生产条件下，没有一个领导者可以对错综复杂的情况了如指掌，即使是有才干的领导者，也无法靠自己来检查一切工作、掌握一切信息。所以，在检查工作中，应当充分发挥反馈系统、监督系统等职能机构的作用，或者组成临时性的专门班子，吸收各种职能机构的专家参与工作。 然而，领导者亲身参加检查也是绝对有必要的。 因为检查总结是领导者的一项职能，不亲身参加，就难以对贯彻执行决策的情况有深切了解和亲身感受，当然也就不能充分发挥检查工作的作用，对于再决策也会产生不利影响。 即使有需要指正的地方，也要看准了再说，不要乱表态。 作为上级领导的意见，下面的同志是很重视的。 如果乱发议论，不但会使自己被动，降低自己的威信，而且会给下级造成思想压力，形成瞎指挥，给工作带来损失。

4. 要敢于表扬和批评，但要注意方法

领导者在检查工作时，必然要对下级的工作做出评价，或表扬或批评，目的是更好地调动下级的积极性，激励下级做好工作。 为此，首先，要坚持原则，敢于讲话，是非要清楚，功过要分明，正确的坚决支持，错误的坚决纠正，好的要表扬，坏的要批评，不能含糊敷衍，模棱两可。 其次，要掌握分寸，不能过头。 表扬要实事求是，留有余地；批评要诚实中肯，恰如其分，严而不厉，同时不抹杀对方做出的努力和成绩。 只有这样，才能使其口服心也服，便于今后改进。

5. 防止主观性、片面性和表面性

凡是不从实际出发看问题，而是戴着有色眼镜看问题，先入为主，自以为是，就是主观性。 片面性就是不能全面地客观地看问题，只知其一，不知其二，只见树木，不见森林。 所谓表面性，就是走马观花，蜻蜓点水，知其然不知其所以然。 这些都是检查工作的大忌，一定要注意防止和克服。 下去之后，不要带框子，抱成见，而要一切尊重客观事实，具体问题具体

分析；好话坏话都要听，缺点成绩都要看；要扎扎实实，了解真情况，获取真知识，不要作风漂浮，浅尝辄止；等等。

6. 要在解决问题上下功夫

只看病不治病，只调查，不解决，是一些领导者检查工作时常犯的毛病。为什么要检查工作？说到底，就是要发现问题，解决问题，把事业推向前进。当然，与发现问题比起来，解决问题是要费力气的，领导者就是要知难而上，努力从解决问题上看本事，见高低。凡是当时就能解决的，就要立即解决；当时不能解决的，也要本着为事业负责的精神，创造条件，抓紧做工作，争取尽快解决。

没有监督就没有落实

战略是组织运作与发展的总的计划与谋略，战略制定与决策之后，就要付诸实施，而实施的进度、效果、结果，都必须有人来跟踪与监督。谁来监督才最合适呢？管理层。企业管理层代表一个组织，必须对这个组织的战略实施承担责任，而一旦战略付诸实施之后，企业管理者唯一能做的也是必须做的就是监督。企业管理者此时就像一个检察官，要紧紧盯住关键环节、关键部门和关键人物。如果企业管理者这个检察官的角色扮演得不好，关键环节、关键部门和关键人物就容易出问题，而一旦这些地方出问题，就会影响战略的实施，就会使落实大打折扣。

　　无数经验表明，监督不力常常使公司的好举措付诸东流。为了防止这种现象的发生，三星在企业内部健全规章制度、严肃监督机制。 公司从上到下形成了一个质量保证监督网，不合格的零部件坚决不用，不合格的成品坚决不出厂。 各厂、车间、班组层层设立质量保证机构，派有专人检验质量。

　　没有监督就没有落实，监督到位才能落实到位。 合理的监督机制，适时总结经验、查漏补缺，能够让落实工作更加完善、更加高效。

　　2001 年，世界经济衰退波及各国，三星受创颇为严重，营业额急剧下滑。为了提高公司的营业额，李健熙亲自检视旗下一个重要事业部经过修正后的运营计划。首先他赞扬事业部经理带领属下为了降低公司成本而做的努力，随后他又指出事业部未达到应有的投资回报率。根据事业部的工作现状，他紧接着提出了一个值得一试的解决方案——建议这个事业部和供货商共同研拟提高存货周转率的方法，以期获得实质成效。

　　"你认为你该怎么做？"他询问事业部经理，这位经理回答："如果有工程师协助，应当能大幅提升绩效，我需要 20 位工程师。"

　　李健熙转向工程部经理："你是否能抽调出工程师来协助完成这个计划？"

　　工程部经理迟疑半分钟之久，以冷漠的语气表示："工程师们不会愿意来替事业部做事。"

　　李健熙注视他良久，开口道："我确信下星期一你会指派 20 位工程师到事业部。"说完后便起身离开。走向门口时，他停下脚步转身对事业部经理说道："我要你每个月固定召开视频会议，成员包括你本人、工程人员、财务长，还有我和生产部经理，必须确保推动这项计划的进展。"

管理层在监督过程中还要注意分寸，切忌工作职责的分工使工作关系恶化。过度监督及插手，只会使员工下不了决定，无法使员工在工作中进步。喜欢打击与蔑视员工成就的老板，很难遇上愿意劳心劳力、全力付出的员工，久而久之，只能拥有一批不自动自觉、私底下充满抱怨的员工。

领导者工作检查与总结的艺术

领导工作的内容构成除了决策、用人之外，还必须有工作检查与总结。

首先，检查与总结是提高领导效能的必要环节。当你向下属布置工作任务后，过了一段时间，便要了解下属的工作执行情况，就必须进行检查，从中发现并总结出成功的经验和失误的教训，从而保证工作做得更有成效。

其次，检查与总结是培养和考察下属的必要环节。下属的真本领，必须放在实际工作中去锻炼，也只有在实际工作中才能得到生动的表现。通过检查，可以真实地掌握下属的工作能力，从中发现优秀人才；通过总结，可以帮助下属不断提高素质。

最后，检查与总结是提高领导者工作能力的必要环节。从某种意义上说，领导工作是由"决策—部署—检查、总结—再决策"所构成的循环往复，是不断上升的无穷的螺旋。这个螺旋每循环一遍，就意味着领导者的决策更切合实际一点，工作更有效一些，因而领导者的工作能力更提高一步。

这里强调工作检查与总结的意义，但要反对形式主义的、华而不实的工作检查与总结。在现实生活中，往往存在这样的领导作风："一窝蜂"式地检查，以检查工作之名，行"吃喝玩乐"之实；不亲自深入实际，以听汇报代替检查，而汇报又是秘书的"妙笔生花"之作；总结是例行公事，公式化行文，报喜不报忧。这些形式主义的、华而不实的沽名钓誉的工作检查与总结是日常工作管理的大忌，它不仅谈不上管理艺术，而且对人民的事业危害极大。

1. 工作检查的艺术

行之有效的工作检查需要走"四步棋"。

第一步，听汇报，即领导者事先向下属打招呼，将检查的内容通知下属，以便基层汇报限定在所要求的范围，避免出现答非所需的现象。听汇报可以在短时间内获取基层的大量工作信息，形成一个整体初步印象。

第二步，看现场。从汇报中得到的情况只是第二手资料，为了直接获得最真实的情况，还必须亲自下到工地、车间、田头。下去要轻车简从，三五人即可，最好在一线蹲三五天，和群众在一起，从直接观察和切身体验中进一步深化认识。

第三步，查资料。查看一些有关工作记录、报表等文字类的东西，进一步了解工作运行的真实情况。

第四步，找人交谈。 通过和群众座谈、个别交谈来了解情况，掌握下属某些很隐蔽微妙的问题。

这"四步棋"是从不同角度对事物进行层层深入的了解，目的是掌握真实的、准确的、全面的情况，避免以偏概全，一叶障目，不见泰山。 按"四步棋"法进行工作检查，才能去伪存真，由表及里，真正把握住领导者决策、部署在基层落实的准确情况。 在此基础上，领导者对下属的工作要进行客观评价和有效指导，实事求是地指出哪些工作做得好，应继续坚持；哪些工作比较薄弱，应加强，并且要交代怎样加强；哪些工作做得不好，或做错了，应如何改正，使下属的各方面工作得到全面发展。

2. 工作总结的艺术

工作一段时间后，或对工作进行一次认真检查以后，必须搞好工作总结，把工作中的经验、教训总结出来，使感性认识上升到理性认识，使零碎的东西上升成有条理的东西，以便更好地掌握和运用成功的规律，以实施更有效的领导。 做好工作总结需要注意以下几点。

（1）不要面面俱到。 工作的内容五花八门、千头万绪，总结不是胡子眉毛一把抓，不分大小、主次，而是根据具体情况，从需要出发，抓住要点进行总结。 一是总结最成功的东西，这是有推广价值的宝贵经验；二是善于发现和总结对各单位都有启迪意义、各单位都在探讨的疑难性问题的经验，这是最有推广价值的东西；三是要把那些带偶然性的、表面性的东西舍去，而把那些带有必然性的、本质性的东西抓出来。

（2）要做到一分为二。 检查也好，总结也好，都要实事求是，用一分为二的方法进行科学分析。 不要讲成绩夸夸其谈，连篇累牍，讲问题轻描淡写，一笔带过；切忌好大喜功，虚假浮夸，邀功请赏，这不只是方法问题，也是思想意识问题；总结经验，要注意这些经验与当时当地主客观环境的联系，研究其形成的具体条件。 说明哪些经验在什么条件下可以推广运用，哪些经验可以在某种改进的条件下适当运用。 总结出教训，分析工作失误所产生的原因，阐明避免失误的方法措施等等。 这些对他人都是有借鉴作用的。

（3）推广经验，纠正缺点。 总结工作的目的，不是为总结而总结，而是为了更好地推动工作。 因此，应该在更大范围内推广成功的经验，召开经验介绍和推广会，领导者要出面说明推广经验的要求和应注意的事项，具体部署推广经验的工作。总结出的工作教训，一方面要在该单位落实纠正措施，确定责任人和纠正教训的时间表；另一方面也要召开有相似问题单位的干部会议，具体剖析教训的前因后果、来龙去脉，提出整改的措施，让各单位都来抓好整改，避免失误。 只有这样，总结工作才有意义。

管人要用制度说话

俗话说，"国有国法，家有家规"。 也就是说，任何一种组织形式，无论国家机关、企事业单位、社团甚至家庭都要有自己的一套规矩，而这一套规矩，就是各种组织管理中的规章制度。

管理制度是对组织机构正常运行的基本方面规定活动框架，调节集体协作行为的制度。 管理制度是组织实行制度化管理的基础。 国家只有实行法治才能进步，各种组织也要实行"法治"才能持续发展，这个"法治"就是制度化管理。

《红楼梦》中写道：宁国府贾蓉的媳妇秦可卿死了，宁国府内大办丧事，每天吊唁的人鱼贯而来，里里外外事情极多，急需一位有管理才能的人帮忙料理。 贾蓉的父亲贾珍请来了荣国府的王熙凤来料理宁国府。

王熙凤到宁国府做的第一件事就是建立人事管理制度。 每个人都有事做，各负其责，互不推诿，谁干什么、谁有什么责任、谁去检查、干得不好怎么处理，清清楚楚，有条不紊。 这一二百人的工作群体，若没有明确的规章制度，非乱套不可。接着，王熙凤又建立了考勤制度和物品管理制度，规定了什么时候点名、什么时候吃早饭、什么时候领发物品、什么时候请示、某人管某处、某人领某物，弄得十分清楚。 由于建立了人事、考勤、物资的管理制度，就避免了原来宁国府管理中的无头绪、忙乱、推诿、偷闲等弊端。

1. 人治不如法治

一个组织要实现组织目标，组织管理制度是有力的措施和手段之一。 企业制度作为员工的行为规范，可以使企业有序地组织各种活动。 战场上，军纪严明之师众志成城，纪律涣散之旅乃乌合之众，常常一败涂地。 同样，有些企业常常绝招频出，点子不断，但若缺少了严格的管理制度，再高明的绝招、点子也只是昙花一现。 而要实行制度管理的"法治"，就要打破"人治"观念。

由于个人的智慧、水平有限，"人治"的过程中会出现这样那样的毛病。

（1）"人治"带有明显的随意性，缺乏科学性，使员工难以适应。

（2）"人治"带有专制性，缺乏民主性，因此决策极易失误，人际关系也极易紧张。"人治"以人为主，难免出现"一朝天子一朝臣"的现象，这就会使员工产生不公平感，不利于"人和"。

（3）"人治"常常过不了人情关，"奖亲罚疏，任人唯亲"的事情一旦发生，领导者就会逐渐失去威信，团队也会失去凝聚力。

（4）"人治"只能治标而不能治本。"人治"无法形成有章可循的规章制度，不利于企业风尚、企业文化和企业道德的形成。

有人认为教育可以代替制度，其实二者是相辅相成的关系。对职工进行教育和培训是必要的，但不是万能的，教育代替不了制度。

制度就是规矩。国内外著名的企业都高度重视"法治"，都有健全合理的规章制度和执法机制。例如，日本东芝公司的电子产品之所以备受世界欢迎，一个重要的原因就是对超净工作间有苛刻的净化要求：女工严禁擦粉，男工必须刮净胡子，操作时绝对禁止说话、咳嗽、打喷嚏，以防空气振动，扬起尘埃。美国格利森齿轮机床厂有十分严格的安全制度，只要进入车间，不论是去干活，还是路过，都必须佩戴安全眼镜，穿硬底皮鞋，并把领带掖在衬衫里面，如果不遵守安全制度，就要受到很严厉的处罚。

2. 让制度去说话

有一个关于一条鞭子的故事。英国的剑桥大学有一位著名的校长，他治校有方，培养出了很多名满天下的学生，有人问他为何能把学校经营得这样好，这位著名的校长告诉问他的人，那是因为他用"一条鞭子"来惩治那些不听话、不上进的学生，并且奖罚严明。关于"一条鞭子"的故事在其他许多地方也出现过，可能主角不是剑桥的校长，换成了别人，大概意思也是说只要有了严格科学的制度并严格执行，就一定能把学校管理好，培养出好学生。这里的"一条鞭子"其实就是能够严格执行的合理制度的代名词。不单管理学校如此，从某种程度上讲，经营企业也需要这样的"一条鞭子"。

企业制度是什么？它是企业一系列成文或不成文的规则，或者说它是企业贴上个性标签的关于经营管理的不同"打法"。制度不仅规范企业中人的行为，为人的行为划出一个合理的受约束的圈，同时也保障和鼓励人在这个圈子里自由地活动；或者更通俗地说，制度是一种标签或符号，它将企业中人的行为区分为"符合企业利益的行为"和"不符合企业利益的行为"。企业的领导者和决策者可以据此采取奖勤罚懒的措施，褒奖"符合企业利益的行为"，惩罚"不符合企业利益的行为"，从而有效地刺激企业中的人约束自己，提高组织管理的效率。而在这样的奖罚中，企业的各项规章制度也得以推行和巩固。

制定有效的规章制度

任何一家企业，要想实施有效的纪律约束，就必须确保企业规章制度的合理性和规范性。因为企业制定规章制度的目的是要员工遵守，若空有形式，则毫无意义可言。

例如，某玩具公司有这样一条规定：员工凡延迟交货，不管在什么情况下，企业都要征收违约金。但实际上，在一般情况下延迟交货多半事出有因，比如不可抗拒的天灾人祸或厂方耽误造成的延迟交货。故此规定无法执行，应立刻改正，拟定一个折中的办法，以期符合现实情况。

企业在制定用以规范员工行为的制度时，要经过详细调查，认真细致地分析研究，并结合企业的生产经营状况和员工的实际情况，在征求员工意见的基础上拟定出较为合情合理的规章制度，这样规章制度才能够行得通、推得开，否则，那些脱离实际的条文无异于一纸空文。

在企业里，规章制度绝大多数都是由几个领导制定的，甚至具体到某一条业务标准也是由企业领导制定的，这似乎已成为一种习惯，但这种做法存在着几个问题：第一，领导者可能对现场作业流程并不了解；第二，领导者不可能制定出系统的管理能人的规范，如部门间的衔接和权责问题，而这是部门与部门之间互相踢皮球的关键原因；第三，有些领导对"现在是什么"可能比较了解，但对于"应该是什么"，也就是如何改变才更有效率比较模糊。

鉴于以上这些方面的原因，企业领导者要从企业中抽调一些不同部门、不同层次的人来制定规章制度，并确定一个将来执行规章制度操作管理的人来共同参与其中，这样制定出的规章制度就比较规范且容易进行具体的操作实施。

从根本上说，有效的规章制度的制定是不断摸索的过程，同时也是总结经验、发现问题并及时补救的不断完善的研究过程。因此，管理规范设计首先要考虑各种影响和制约的因素，包括组织目标、竞争环境、法律政策约束、内部经营条件、内部传统经验、业务流程、生产类型、产品和市场、人力资源情况、技术系统条件等，因为管理规范设计就是要在这种令人眼花缭乱的内外环境中进行。

基于以上各方面因素的综合考虑，在制定规章制度的人员安排方面，企业领导者应该与一些管理咨询专家共同对企业进行一次深入的了解，在进行管理诊断后，再由管理咨询专家和企业同仁共同设计管理的规范。

为什么要请管理咨询专家来设计呢？第一，这样能保持管理规范制定过程中的独立性，容易突破组织中的既得利益，不留情面地推动管理规范的制定；第二，作为专业的管理顾问，他们更清楚应该如何做才能更好；第三，他们看到的是整个经营系统，而不只是单个环节或部门。

但是，管理咨询专家有不了解企业具体情况的缺点，所以，管理咨询专家成功的服务有赖于其深入地了解企业，和企业员工共同工作。

具体而言，企业在规章制度的建立和实施中必须注意以下几点。

1.明晰制度的设计思路

按职能、企业结构、管理标准进行明晰的管理方案的设计。这样既能按做什么、谁来做、怎样做、做的标准、做错做对谁来管这一顺序进行管理，又把责任具体安排到了每一位能人的头上。

2.制定管理标准

制定标准的重点是在流程设计和接口分析的基础上制定各类管理标准。毫无疑问，职能的承担者是组织机构，而组织的正常运转要靠一系列的运行机制加以保证。管理标准是运行机制的主要内容。

3.将经常性的工作标准化

将经常性的工作进行管理规划，制定一个系统的管理标准，这样有利于处理领导与下属、企业与能人、能人与客户之间的关系。一般而言，管理标准主要包括业务标准、工作标准和作业标准，其主要内容包括：职能（工作）范围、职责权限、业务流程和业务接口、工作承担者、工作完成好坏的标准与考核条件、业务进行的条件，以及业务中发生纠纷的仲裁等。

4.保证规章制度的实际意义和全面性

制定管理能人的规范是为了更有效地理顺企业内部的关系，促进企业的长远发展。因此，标准制定是否合格，要看：

第一，是否所有的接口（业务衔接点）都已经反映在标准中；

第二，是否都将以往工作中出现的矛盾、扯皮等问题的解决办法纳入了标准；

第三，每个部门和岗位做什么和怎样做的问题是否都在标准中明确了。

把员工的行为统一在制度的约束下

企业的制度不仅是对员工的一种约束，同时也是企业良好的工作秩序和效率的有力保证。

成为有纪律的工作团队的一员，员工会感到舒畅，因为在这样的团队中目标明确、行为清楚、工作态度端正。管理者也能因培养了有纪律的工作团队而获益。

在这样的环境中工作，业绩和行为表现问题相对较少，而职业道德和工作效率却要高得多，与此同时，减员率以及与之相关的资金花费和心理教育费用还能相应减少。

尽管"纪律"一词常带有消极含意，可是一支有纪律的工作团队实在是企业的一笔财产。管理者应该不断检查自己对员工强调纪律的态度，努力实施正确的、而不只是惩罚性的纪律约束。要提高员工的纪律性意味着通过培训、督导和规范员工，使他们在工作中呈现出适当的良好行为。

因此，管理者应该首先告诉员工公司的规章制度，这样他们就会很清楚遵守公司行为和工作表现的标准，你在由于员工违反了规定而批评他时，就不会听到"没有任何人告诉过我公司有这样的规定"的借口了。

具体做法是，对新员工应先发给一份员工手册，其中包括他们应该遵守的纪律规章。 对员工进行企业忠诚培训时，管理者应向他们解释纪律及必须遵守的理由，以及违反了纪律时会有什么后果。

对员工工作行为提出期望和要求是一件合常理的事。 通过向员工提供一份有关其行为要求的书面材料，通过对规章制度的解释，以及解答员工对这方面提出的问题，员工就能帮助管理者实现公司的期望。 因为大部分员工是理性的，只要他们清楚了规章制度是什么，都会很乐意地服从规章制度。

作为管理者，必须严格公正地执行这些规章纪律，并给员工足够的时间和帮助，来纠正他们的行为，只是在各种纠正措施都已用尽，而员工仍拒绝遵守某项规章时才实行惩罚措施。严格的纪律制度必须增加管理者和员工的沟通，保证使受罚员工得到公平待遇。 与此同时，严格的纪律制度会有助于你更好地解决问题，并使你的个人决定更加公正。

一般来说，严格的纪律制度所采取的一系列行动包括询问、口头警告、书面警告、严厉训斥、暂停工作和开除。 这样就能一定程度上帮助那些有细小过错或第一次犯错的员工，及时地改正不正当行为，给他们重新工作的机会。 在许多情况下，这一方法能促使员工约束自己的行为，使之符合公司的工作规章。

美国电气公司的副总裁罗伯特在管理中对那些第一次犯错误的员工采取了询问和督导的方式，在问明犯错误原因的同时，也让员工认识到公司制度的重要性。

当然，罗伯特还会给他们一些建议和帮助，而且每次总是在没有别人在场的情况下，以聊天的方式进行的。 这些员工在以后的工作中大都表现突出，不会再犯同样的错误。

但是，有些员工的错误并不是简单的询问和督导就可以解决的，这时，罗伯特一般就会对他们进行口头警告，明确指出员工未能及时纠正的错误，重申一下改正的必要性，警告他们再不服从规章将招致更严肃的纪律惩罚。

如果员工的不当行为仍然没有改变，或者员工最初的违纪行为就很严重，那么，等待他的就会是书面警告了。

书面警告的主要内容是告诉违纪员工违反了哪条纪律、公司希望他的行为有怎样的改变、如果不服从下一步会有怎样的后果等。

如果问题仍未得到解决，这位员工就会收到由总裁签署的停职书面通知，这意味着这位员工在一定时间内不得工作，也得不到工资，由更高层领导发的停职书面通知应该是一式三份，一份发给违纪员工本人，一份由主管或经理保留，一份存进员工档案。在这种情况下，这位员工如果再不纠正自己的行为便将被开除。当然，不到万不得已的时候，罗伯特是不提倡这么做的，他还一再强调，如果必须要运用开除来作为最后一步解决问题的方法，还必须注意各员工不同的个性以及法律方面的原则。

严格的纪律制度应鼓励主管和经理与违纪员工一同努力，以帮助他们改正错误。从公司这一方面来说，这一制度必须得到公正的执行，这就是说必须给员工充分的机会来纠正其不良行为，同时必须给予足够的警告促使其明白下一步的纪律处分是什么。

罗伯特在公司里还非常注重培养部门经理用纪律来约束员工的技能，因为，要培养有纪律的工作团队，各个部门的经理往往是关键，因为他们与员工接触最多，是公司组织中的第一线权威。部门经理也最了解违纪是怎么回事的人，并且是负责纪律约束过程每一步的人，他如何处理问题，会影响到违纪者是得到行为纠正，还是得到惩罚，而受过良好培训的部门经理对使严格纪律得以实现至关重要，所以培养部门经理用纪律管束员工方面的技能是管理者的一大责任。

第七章

打造一支卓越的团队

企业如何塑造团队精神

　　管理活动的目的和行为都是为了保持集体的协调。　维护集体的利益，充分发挥团体的力量。

　　在我国各企业建立和完善现代企业制度的同时，应特别重视企业文化的建设。　在加强企业文化建设的过程中，关键是要建立共同的价值观，培养团队精神，加强员工培训和鼓励员工个人学习。　那么，我国现代企业应如何培养和建立团队精神呢？

1. 要提倡员工对企业的奉献精神和集体主义精神

　　人们生活的意义不仅体现为社会对个人的满足，而且更重要地体现为个人对他人、对社会的贡献。　人们通过共同创造，促进社会发展，这就需要人们对社会的贡献。　人的本质是潜在着的人的价值，人的价值是实现了的人的本质。　对社会的奉献精神是我们每个人对社会应该采取的生活原则和生活态度，是培育企业价值观的重要方法，也是实现人的价值的途径。

　　为此，我们必须反对两种错误的倾向。　一种是个人主义倾向，以为个人的价值就在于对自由的信念，主张自我选择、自我实现。　一切以自我为中心，个人的自由高于一切。　因此，他们只讲个人价值，不讲社会价值；只讲个人的主观需要，不讲社会的物质条件和精神条件的实际状况，不讲个人对社会的奉献。 这种脱离社会和群体的个人主义，无论是对自己，还是对社会、对他人，都是有害的，应该杜绝。 另一种是忽视个人需要的倾向。 在个人与社会的关系上，人的价值既包括个人对社会的责任和奉献，也包括社会对个人的尊重和满足。 也就是说，社会应该尊重个人的主体性、创造性，并应提供相应环境使个人的主体性、创造性得以发挥。 同时，社会还应满足个人的合理需求，包括物质和文化两个方面。 我国过去曾一度片面要求员工为企业、为社会做贡献，而不太考虑个人的物质利益。 这是错误理解了人的价值。

在当前市场经济条件下，企业在工作中还应强调奉献精神，但企业必须充分体现按劳分配、多劳多得的原则，让有奉献精神的人得到更多的物质利益。 作为员工本人应该充分发扬奉献精神，哪怕是在个人利益上有所牺牲，因为"奉献"本身就包含了不要报酬的意思。 个人主义在优秀的现代化企业中应该是没有市场的，集体主义构成了企业管理思想的主要内容。 一个企业就是一个大集体，企业内的事业部、工厂、科室也是大小不等的集体。 管理活动的目的和行为都是为了保持集体的协调，维护集体的利益，充分发挥团体的力量。 例如，在生产方面，企业主要不是鼓励每个员工提高效率，而是注重整个集体提高效率。 这种集体主义成了企业中个人与团体、个人与个人之间的基本规范。 它寻求员工把个人利益置于团体利益之下，做到团体利益第一，团体利益高于个人利益。 同时也要求把个人利益置于他人利益之后，做到先人后己，他人利益第一。 当然，企业的集体主义并不完全排斥个人主义，只不过是要求个人从属于集体而已。

2. 确立员工的主人翁地位，营造"家庭"氛围

所谓"主人翁"是说明主体与客体的关系。当主体与客体由于具有所有、使用、经营管理等关系，因而主体能以自己的意志去影响、支配客体的活动时，主体就是客体的主人或称主体在主客关系中处于主人翁地位。对企业来说，员工的主人翁地位就体现为员工对企业的所有、使用和经营管理关系及权利，以及意志能够影响和支配企业的各种活动。当劳动者的主人翁地位在企业得到切实的保障，他们的劳动又与自身的物质利益紧密联系的时候，劳动者的积极性、创造性和聪明才智就能充分发挥出来，员工的精神面貌就会焕然一新，企业也就充满了勃勃生机。在现代企业中要使每个员工树立企业即"家"的基本理念。"家"是社会最基本的文化概念。企业是"家"的放大体。在企业这个大家庭中，所有员工包括总裁在内，都是家族的一员，其中最高经营者可视为家长。在大家庭中，所有人都一视同仁。蓝领工人和白领工人在待遇、晋升制度、工资制度、奖金制度、工作时间、在现场的穿着上都相同。所有员工都有参与管理、参与决策的权力。企业领导要特别重视"感情投资"，企业经理熟悉员工的情况，亲自参加员工家里的红白喜事，厂里经常组织运动会、联欢会、纳凉会、恳谈会、野餐会和外出旅行等活动，也可邀请员工家属参加。这样可使企业洋溢着家庭的和谐气氛。工人以主人翁的态度和当家做主的精神从事生产，对自己、对企业负责，自觉遵守厂规厂纪，按质按量完成生产任务和工作任务。正是在这种充满激情和创造性的员工活动中，企业的价值才得以确立，企业的经营目标才得以实现，企业才得以不断发展。

3. 以"和"为本，培养员工爱岗敬业和团结协作精神

在市场经济条件下，员工的命运和企业的兴衰是紧密联系在一起的。因此，企业应重视培养员工的爱岗敬业精神。员工有了爱岗敬业的精神，就会牢固树立"厂兴我荣，厂衰我耻"的理念，顾全大局，自觉地与企业同呼吸，共命运，荣辱与共，真正从内心关心企业的成长和发展，并积极为企业的发展献计献策。员工就能够吃苦耐劳，脚踏实地，忠于职守。勤奋工作，尽最大努力做好本职工作，把自己的专业知识和能力全部贡献给企业，他们还会自觉地学习，刻苦钻研文化知识和专业知识，努力提高技术水平和业务素质，从而为企业做出更大的贡献。此外，他们还会勇于开拓，不断创新，不断进取，不满足现状，不墨守成规，敢于走别人没走过的路，从而推动企业不断创新和不断发展。同时，企业要培养员工的团结协作精神。俗话说，人心齐，泰山移。团结就是力量。企业领导要在企业内部营造一种开放坦诚的沟通气氛，使员工之间能够充分沟通意见，每个员工不仅能自由地发表个人的意见，还能倾听和接受其他员工的意见，通过相互沟通，消除隔阂，增进了解。在团体内部提倡心心相印、和睦相处、合作共事，反对彼此倾轧。但强调"以和为本"并非排斥竞争，而是强调内和外争，即对内让而不争，对外争而不让。一个小组团结如一人，与别的小组一争高低；一个车间团结如一人，与别的车间一争高低；一个企业团结如一人，与别的企业一争高低。所谓竞争意识就是要提高一个集体的竞争能力。企业内部的"和"，也并非一团和气，失误不纠。要鼓励员工参与管理，勇于发表意见和提出批评。企业要采取各种激励措施，引导员工团结向上，增强凝聚力，使员工之间、员工和企业之间产生一体感，使

得大家团结协作，同心同德，齐心协力，共同完成企业的经营目标。

4. 树立"经营即教育"的理念，加强对员工的教育

由于企业与国家利益的一致性，企业应把教育作为企业对社会应尽的义务，而企业对员工的教育又会促进企业的发展。因此，企业应把教育作为其经营理念的核心，树立"经营即教育"的理念。

第一，企业和社会有一种无言的契约，即经营是社会对企业的委托，要完成此重任，必须依靠全体成员的共同努力，必须统一他们的思想与行为，统一的方法是靠教育。

第二，经营好企业，必须集中众智，使得每个员工都把自己当作企业的经营者，做好应做的工作，并在取得成功的过程中体现自身的价值。为了造就这样的集体，必须靠教育。

第三，依靠教育在企业成员中确定经营的目的是为社会服务，利润乃是服务的"报酬"的理念。教育的动力来自团队精神，同时通过教育又强化了团队精神，而这种团队精神正是企业的管理之魂。

总之，团队协作精神代表了一个企业的基本素质，是企业发展繁荣的基本条件，中国企业要进行现代企业制度的改造，就需要提高企业自身的基本素质，特别是在企业内部培养员工的团队协作精神。由于目前我国企业的团队精神的成熟度不够，个性不强，因此，需要对团队精神进行再培育和重塑，在培育和重塑团队精神的同时还应充分考虑适应社会主义市场经济的要求，把竞争观念、市场观念、效益观念、信息观念等融合到团队精神的培育全过程中，使之成为团队精神的基础。

为团队制定有挑战性的目标

有人做过一个调查，问在团队建设中团队成员最需要领导者做什么，70％以上的人回答——希望领导指明目标或方向。 而问团队领导者最需要团队成员做什么，几乎80％的人回答——希望团队成员朝着目标前进。 从这里可以看出，目标在团队建设中的重要性。

没有目标的团队就像是没有目的地的航船，在广阔无垠的海面上漫无目的地漂着，到达不了任何地方，留下的只有无休止的会议、令人厌烦的讨论、敷衍塞责的决定。 团队需要的是一个坚定、明确和有可能达成的目标，一个陈述了团队努力方向的目标，一个改善现状的目标。 中层领导在团队建设中的首要任务，就是为组织成员设定一个具体的、明晰的、有挑战性的目标。

之所以要强调有挑战性，是因为一个具有明确的有挑战性的目标的团队，比目标不明确或不具有挑战性目标的团队的效率要高得多。 通常情况下，团队成员往往会因为完成了某个具有挑战性的目标而感到自豪，团队成员为了获取这种自豪感会更加积极地工作，从而带来团队工作的高效率。

具有一定挑战性但又有可能达成的目标能很好地激发团队成员的工作激情。 中层领导的职责是激励自己的团队向总体目标努力，因此，就要为自己的团队制定一个有挑战性的目标并设定相应的计划。这样的目标具有足够的动力促使下属发挥自己的工作技能、技巧以便实现工作目标。成功的团队领导者都懂得这个技巧。

摩托罗拉公司创始人高尔文经常利用有挑战性的目标督促员工们做一些看似不可能实现的事情。例如，在20世纪40年代末，摩托罗拉公司刚进入电视机市场时，高尔文就为电视机部门制定了一个富有挑战性的目标：在第一个销售年，以179.95美元的价格卖出10万台电视机，还必须保证利润。

一位下属抱怨说："我们绝对卖不出去那么多电视机，那意味着我们在电视机行业的排名必须升至第三或第四名，而我们现在最好的排名才是第七或第八位。"

还有一位产品工程师说："我们甚至都还没有把握能使电视机的成本低于200美元，但售价已经定在179.95美元了，这怎么可能保证利润呢？"

但是，高尔文却回答说："我们一定要卖出这个数量。在你们拿出用这种价格卖出这个数量，还有利润的报表给我看之前，我不想再看任何成本报表。我们一定要努力做到这一点。"

之后，高尔文通过员工们反馈的信息，制定了一系列严格的奖罚制度，迫使员工们都为了实现上述目标刻苦钻研、努力创新，想方设法降低电视机的生产成本。

同时，也重新审查制定了新的销售制度，督促销售部门在业务上投入更多的精力。不到一年，摩托罗拉公司真的实现了销售目标，在电视机行业的销售排名榜中升至第四位。此后，公司不断地发展壮大，成为电子技术领域的佼佼者。

团队目标具有挑战性，才能给下属适当加压，才能调动下属的潜能和工作热情，才能促使下属提高自己的素质，不满足于现状，从而更容易实现团队的目标。当目标完成时，会带给团队成员及整个团队一种成就感，进一步增强团队的凝聚力。中层领导要为自己建立一支高效的团队，就要先设定一个明确的、有挑战性的团队目标，为大家指明方向。

让团队成为永不知足的学习机

21 世纪是一个由知识和智慧主导的知识经济时代，未来唯一持久的优势，就是比竞争对手拥有更快的学习能力。因此，如何建立一个学习型组织，是众多企业管理者热衷探索的一个话题，也是团队建设中的"圆"。

之所以把建立学习型组织看成是团队建设中的"圆"，是因为建立学习型组织没有固定的模式，每个企业都可以根据自身的特点采取适合的方式。这就需要管理者坚持团队建设中的

"圆"，不能过于教条化，也不能过于模式化。

为了让微软成为一台永不知足的"学习机器"，比尔·盖茨要求微软的员工时刻保持学习的劲头，要善于思考和琢磨，并将产生的新想法推广到整个团队中去，与他人共享。为了提高员工的学习热情，公司让员工们挑选自己感兴趣的工作，或是在分派前，仔细分析每项工作所需要的技术，然后把它分派给最需要学习这项技术的人；为了让员工始终保持学习的热情，微软会让员工去做一些特殊的工作，如让员工写一个效率极高的运算程序。

总之，在微软，员工必须不停地学习，公司也会给员工提供学习的机会。在谈到为什么要不断学习时，比尔·盖茨说："现在一场全球性的、新的经济竞赛已经展开，在未来脱颖而出的，将是能够抢先领悟新游戏规则的人。"

微软的每一个员工都知道学习，也都知道怎样学习、学习什么，有这样一个学习氛围浓厚的团队，想要保持行业领先当然是轻而易举的事情。

谈到建立学习型组织，万科也是其中的典范。

王石说过，索尼是万科的第一个老师，从索尼，万科学会了营销和售后服务，而这些在万科早期房地产业务中起到了很大作用。

万科建立初期，索尼的影响力已经很大了。鉴于索尼在中国大陆建立了7家维修站，万科也产生了在深圳建立一家新的索尼设备维修站的想法，这样就可以通过索尼的品牌形象来扩大市场影响。几经波折后，维修站终于建成了。从此，万科要求公司上下学习索尼售后服务的理念，尤其要求工作人员在物业管理、小区服务等方面向索尼看齐。

在万科开发的各类城市花园项目中，物业管理赢得了消费者的一致认可，甚至很多人就是冲着万科的物业管理来买万科的房子，这正是索尼的优质售后服务给万科树立了一个好榜样。在2003年万科全体员工的一次大会上，总经理郁亮也将这种服务理念总结为万科领先于其他开发商的最大优势之一。

其实，只要看到某个企业有值得学习的地方，万科就号召全体员工进行学习。2002年，王石参观了西点军校，此后，一股学习"西点模式"之风便在万科刮了起来。所谓"西点模式"，简单来说就是斯巴达（严格治理军队）＋雅典（艺术、灵活）：严格纪律下的艺术。万科一直强调企业文化、人文情怀，但缺少像斯巴达那样的东西。

万科总经理郁亮对万科学习"西点模式"解释道：万科看来，所谓"西点模式"，首先意味着一种精神，一种强调责任、国家、荣誉的精神，放在今天的企业里，则意味着责任、团队、荣誉，意味着纪律与服从、团队与协作，以及一种坚韧不拔、自强不息的顽强意志。

王石在2003年2月发表的《致全体职员的公开信》中的内容可以看作是对"西点模式"的具体要求："万科一贯秉承以人为本的待人之道，对万科而言，一切热情投入，出色完成本职工作的人都是公司最宝贵的资源。任何职员的失足和堕落，都会给公司造成巨大损失，对其个人和家庭来说也是莫大的不幸。因此，遵守《职员职务行为准则》，是职员对自身负责任的表现。"

西点军校早期实际上是培养军事工程师的，主要建造桥梁、城堡。在战争时代建造城堡，在和平时代则建造美好家园，但无论是前者还是后者，都强调规范化、数字化、成本管理。西点军校的成员不仅在军队中表现非常优秀，在美国商界也非常受欢迎。而万科推广品牌形象，更加需要一套制度化的东西去推进。

万科20年荆棘满途，这种艰难的前行是需要精神上的抚慰和鼓舞的。万科在不同的发展阶段，特别是在发展的重要关口，都树立了一个学习的榜样。通过学习这个榜样，万科可以实现三大目标：一是取他人之长补自己之短，提高自身的管理和创新能力；二是"借力打力"，推动和刺激万科战略的转型和调整；三是让万科全体员工保持同样的激情和一致的思维方式。

对万科来说，榜样可以展现出美好的前景，带来某种信仰和力量，让公司上下团结一心，从而使管理成本下降、工作效率提升，这也正是王石驾驭万科的一种方式。

在这个倡导学习的时代，只有真正创建了学习型组织的企业，才是最有活力的企业，才能在竞争中立于不败之地。建立一个学习型团队，是团队管理中的"圆"，忽略了这一点，就会被激烈的竞争洪流淹没。

团队构建的技巧

1. 科学配置团队人员

要想有效地运作，一个团队需要三种不同技能类型的人：

一是有技术专长的成员；二是能够发现问题，提出解决问题的建议，并权衡这些建议，然后做出有效选择的成员；三是善于聆听、反馈、解决冲突及擅长处理人际关系的成员。

如果一个团队不具备以上三类成员，就不可能充分发挥其绩效潜能。对具备不同技能的人进行合理搭配是极其重要的。一种类型的人过多，另外两种类型的人自然减少，团队绩效就会降低，但在团队形成之初，并不需要以上三类成员全部具备。在必要时，一个或多个成员去学习团队缺乏的某种技能，从而使团队充分发挥其潜能的事情并不少见。

一般而言，如果成员的工作性质与其人格特点一致，其绩效水平容易提高。工作团队内的位置分配有方，也可以达到这样的效果。团队有不同的需求，挑选团队成员时，应该以员工的人格特点和个人偏好为基础。

高绩效团队能够给员工适当地分配不同的角色。例如，长期使球队保持赢球的篮球教练知道如何挑选富有前途的队员，能识别其优势与劣势，并安排到最合适的位置上，使其能为球队做出最大贡献。这种教练能够认识到，一支取胜的球队需要有多种技能的球员，如控球手、强力得分手、3 分球手、投篮阻挡手等等。 成功的球队具有能够胜任关键位置的球员，并能在了解球员的基础上，把他们配置到各个位置上。

2. 培养团队精神

企业的核心竞争力到底是什么？北大光华管理学院张维迎教授认为，企业的核心竞争力有五大特征：偷不去、买不来、拆不开、带不走和流不掉。 优秀的团队精神才是企业真正的核心竞争力。 一个企业如果没有团队精神，将成为一盘散沙。 团队精神不仅要求基层的员工，而且更要求领导层从上到下建设一个团结的团队。

中国伦理学会的李茂森教授将团队精神看作是个人道德品质的载体。 他说："团队精神包含着诸如团结、合作、诚实、信任、敬业、奉献等很多道德品质的内容，具有这些品质的人在任何团体中都会得到肯定的赞扬。"

1976 年，斯蒂夫·沃兹尼亚克和史蒂夫·乔布斯设计出个人用的计算机，并于一年之后以苹果 II 型的商标投放市场。1980 年，苹果电脑公司已迅速发展成为拥有 1.18 亿美元的企业。尽管第二年 IBM 也推出了自己制造的个人计算机，但史蒂夫·乔布斯并没有打算让路。

乔布斯和他的同事亲密无间，像一群海盗一样大胆。乔布斯在充当教练、一个班子的领导和冠军栽培人的新型经理方面是一个完美的典型。他是一个既狂热又明察秋毫的天才，他的工作就是专门出各种新点子，他是传统观念的活跃剂，他不会把什么事情丢在一边，容不得无能与迁就的存在。

这些年轻人也纷纷对董事长乔布斯表述了自己的看法，他们希望在从事的工作中做出伟大的成绩。他们说："我们不是什么技术工，而是兢兢业业的技术专家。"他们对技术有最新的理解，知道如何运用这些技术并用来造福于人。所以，最简便的办法就是网罗十分出色的人物组成一个核心，让他们自觉地监督自己。

苹果电脑公司于1984年1月24日推出麦肯塔式计算机，在100天里卖掉了75000部，而且销量持续上升，粗略计算，这种个人用的计算机的销售额占到公司全年15亿美元销售额的一半。

麦肯塔式计算机的例子表明，当一个发明班子组成以后，要想非常有效地完成任务，办法是分工负责、各尽其职，使人们意识到要想为之做出贡献，一个子项目能否成功就是一次考验。 在麦肯塔式计算机的外壳中不为顾客所见的部分是全组的签名，苹果电脑公司的这一特殊做法的目的就是为了给每一个最新发明的创造者本人而不是给公司树碑立传。

这个案例讲了非常重要的两个问题：团队精神和领导。 团队精神，是指执行团队内部的思想和行为高度一致，充满团结的氛围，团队成员遵循企业共同的执行理念，为了共同的事业而相互合作，从而使执行产生一种合力。 但是团队精神不仅要求基层的执行人员，而且更要求执行的领导层，从领导班子做起，从上到下地共同建设一个团结的团队，从而形成团队精神。 这也正说明了团队的建设需要有一定的领导力。

3. 要建立精英团队

首先是要确定团队的精神或是执行的信仰，确定执行的核心理念，然后通过它来吸引志同道合的合作者。 最后，这种价值观或是体现在执行的制度上，或是体现在执行的领导者身上，许多企业就是采取后一种方式。 所以，团队精神的实质是执行文化的问题。

第一，共同目标的承诺。 是否每个团队都有全体成员渴望实现的有意义的目标呢? 这种目标是一种远见，比具体目标要宽泛。 有效的团队具有一个大家共同追求的、有意义的目标，它能够为团队成员指引方向，提供推动力，让团体成员愿意为它贡献出自己的力量。

成功团队的成员通常会用大量的时间和精力来讨论、修改和完善一个在集体层次上和个人层次上都被大家接受的目标，这种共同目标一旦为团队所接受，就像航海知识对船长一样——在任何情况下，都能起到指引方向的作用。

第二，建立具体目标。 成功的团队会把共同目标转变为具体的、可以衡量的、现实可行的绩效目标。 目标会使个体提高绩效水平，目标也能使群体充满动力。 具体的目标有助于团队把自己的精力放在达成有效的结果上。

目标决定了团队最终要达成的结果，但高绩效团队还需要领导来指明方向和焦点。 例如，确定一种大家认同的方式，就能保证在达到目标的手段、方向上团结一致。

在团队中，对于谁做什么和保证所有的成员承担相同的工作负荷问题，团队成员必须取得一致意见。 另外，团队需要决定的问题有：如何安排工作日程；需要开发什么技能；如何解决冲突；如何作出决策；决定成员具体的工作任务，并使工作任务适合团队成员个人的技能水平。 所有这些，都需要团队的领导发挥作用。 有时，这些事情可以由管理人员直接来做，也可以由团队成员通过扮演探索者、推动者、总结者、联络者等角色自己来做。

第三，社会化和责任心。 在集体努力的基础上，个人的成绩可能会被埋没于群体中，个人可能只被看成集体的一员，个人贡献无法直接衡量。 高绩效团队通过使成员在集体层面和个人层面上都承担责任来消除这种倾向。

成功的团队能够使成员共同为团队的目标和行动方式承担责任。 团队成员很清楚，哪些是个人的责任，哪些是大家的共同责任。

第四，适当的绩效评估与奖酬体系。 怎样才能使团队成员在集体和个人两个层面上都具有责任心呢？传统的以个人导向为基础的绩效评估与奖酬体系必须进行变革，才能充分地衡量团队绩效。

个人绩效评估、固定的小时工资、个人激励等与高绩效团队的开发是不完全一致的，因此，除了要根据个体的贡献进行评估和奖励之外，管理人员还应该考虑以群体为基础进行绩效评估、利润分享、小群体激励及其他方面的变革，以此来强化团队的奋进精神和承诺。

4. 团队默契是重点

一个真正的有效率的团队，应该看起来就像一个人一样，"身体"每一部分的配合与协调都自然随意，恰到好处。 要做到这一点，必须在下属中培养默契，找到"心有灵犀一点通"的感觉。

作为团队的领导人，你固然要让每位成员都能拥有自我发挥的空间，但更重要的是，你要用心培养大伙儿破除个人主义、协调一致的团队默契。 同时，努力使彼此了解截长补短的重要性。 毕竟，合作才会产生巨大无比的力量。 因此，培养团队的默契感是建设团队的另一个法门。

众所周知，蚂蚁是最具有团队合作精神的动物。 根据研究发现，蚂蚁的种类高达三千多种，但它们永远过着团体生活，有时候一窝蚂蚁有好几万只，也有一窝数十只的，不过每一个蚁窝都由一只蚁后(有些是一只以上的蚁后)，若干工蚁、雄蚁及兵蚁共同组成，它们各司其职，分工合作：蚁后的任务是繁殖、产卵，同时受到工蚁的服侍；工蚁负责建造、觅食、运粮、育幼等工作；雄蚁负责和蚁后交配；兵蚁的主要任务是抵抗外敌，保护家园。 大家一条心，发挥各自的专长，团结合作。 蚂蚁群策群力，值得领导者认真思考。

动物知道团队合作，何况是人呢？ 领导者需要唤醒团队成员整体合作的观念，这时你必须将焦点集中在他们的同心协力的行动和甘苦荣辱的感受上。 很多小事你肯定可以做到，比如说和下属一起看一场职业篮球赛或是急流泛舟，甚至一起观察蚂蚁、白鹳、海豚等动物群策群力、扶持相助的场面，也可以选一本讲团队精神的书，让伙伴们分章阅读，并分享心得，还可以率领伙伴们参观工厂，事前分配好每个人要看的部分，分工合作，回去后，大家相互沟通。

要建立一支有效率的团队，并非一蹴而就的事，但是，如果能够在以下基础上持续努力的话，一定可以帮助你早日实现你的愿望。对建立团队抱持正面、认同的态度，把伙伴当成珍贵无比的"资产"来看待，而不是机器；融入你的组织之中，和成员们打成一片，打破"我是上司，听我的命令做事"的作风，包容、欣赏、尊重成员的个体差异性；确信每一位成员都愿意与他人组成一个团队，尽量让伙伴们共同参与，设定共同的目标并一起参与讨论重大问题的解决方法，帮助组织内每位成员都明白树立团队观念的重要性；在公平的基础上分派任务，分配报酬，有赏有功劳大伙共享，有罚有责难一人独当。当过兵的人都知道，凝聚力能使战斗力产生相乘效果。也就是说，只要一个部队团结，它的战斗力就会增加好多倍。一个小而弱的部队，若有强大的凝聚力，往往能战胜大过它好几倍的强敌。

英国著名企业策划专家博比·克茨在《公司协作中的驭人术》一书中写道："企业领导的责任不是仅仅考虑员工个人才能的释放问题，而是应该根据每个员工个人才能的特点，加以组织并形成团体协作力量的问题。没有团体协作的个人才能，仅仅是局部的效应；如果要真正构成重大的竞争势头，必须有效地把这些分散的个人才能组织复加起来构成团体协作的结构力量。因此，企业领导驭人之术应该注重员工凝聚力的培养，这是一个企业管好人、用好人、人气旺盛的标志。"这就是说，企业领导管理员工应该从大处着眼，小处着手，把个人放在整体中考察和任用，力戒鼠目寸光，仅顾眼前利益，易忽视长远规划。企业的生命应当是持久的，要做到这一点，企业领导如何把员工构造成为一个"团体协作结构"至关重要。

如果领导跟员工的距离太远，"磁力"便不会发生作用，所谓的团体精神也就不存在了。这就是领导高高在上，脱离员工的后果。试想，脱离员工的领导还有什么意义？因此，企业领导切忌成为"独行侠"。

5. 使成员志向统一

志同道合的人成为同志，什么才是志同道合的气氛？

有位负责人说："我努力塑造成员们相互尊重、倾听其他伙伴表达意见的文化。在我的单位里，我拥有一群心胸开放的伙伴，他们都真心愿意知道其他伙伴的想法。他们展现出其他单位无法与之相提并论的倾听风度和技巧，真是令人兴奋不已！"是的，在好的团队中，某位成员讲话时，其他成员都会真诚地倾听他所说的每一句话。

真心地相互依赖、支持是团队合作的温床。施特朗曾花了好几年的时间深入研究参与组织，发现了参与式组织的一项特质：管理阶层信任员工，员工也相信管理者，信心和信任在组织上下到处可见。几乎所有的获胜团队，都全力研究如何培养上下平行间的信任感，并使组织保持旺盛的士气。它们常常表现出四种独特的行为素质：领导者依赖伙伴，并把伙伴的激励视为最优先的事；他们常向伙伴灌输强烈的使命感及共有的价值观，并且不断强化同舟共济、相互扶持的观点；他们鼓励遵守承诺、信用第一的原则；他们鼓励包容异己和畅所欲言。好的领导者，必须率先信赖自己的伙伴，并支持他们全力以赴，这样才能让成员间相互信赖、真诚相待。

成员互相赞赏、认可是高成效团队的主要特征之一。团队里的成员对于参与团队的活动感到兴奋不已，因为，每个人会在各种场合里不断听到赞赏的话语。这些赞美、认同的话提供了大家所需要的强心剂，增强了大家的自尊、自信，并驱使大家愿意携手同心。

创建一支有效团队，对领导者可说是百益而无一害的。如果你努力做到的话，你将可以获得以下好处：第一，人多好办事，团队整体动力可以达成你个人无法独立完成的大事，而且能有效解决重大问题，毕竟三个臭皮匠，胜过一个诸葛亮；第二，成员有参与感，会自发性地努力去做，促使团队成员的行为达到团队所要求的标准；第三，提供给追随者足够的发展、学习和尝试的空间，刺激个人更有创意，更好的表现使每位伙伴的技能发挥到极限；第四，团队成员遇到困难、挫折时，会互相支持、协助。

请务必牢记：一个令人钦羡的团队，往往也是一支常胜军。他们不断打胜仗，不断破纪录，不断改造历史、创造未来。而作为伟大团队的一分子，每个人都会感到骄傲。通过在团队里学习、成长，每位伙伴都会不知不觉重塑自我，重新认知每个人跟群体的关系，在工作和生活上得到真正的欢愉和满足，活出生命的意义。一个真正的团队能让你如虎添翼、临危不乱、所向披靡！

6. 让团体成员自强

在部门中，一个下属的悲观、自卑具有极强的感染力，甚至会影响到整个部门直不起腰。 要让部门的每一个成员都挺直腰杆，就必须让他们自尊、自信。 只有自尊、自信，才能自强！

作为领导，要想使你的部门团结，必须先培养成员的自尊心。 要让成员为自己部门感到骄傲，你必须让他们觉得他们是行业中的佼佼者。 也就是说，假若你的部门是生产汽车零件的，那你要使每个人都感到他们是生产世界上最好的汽车；假若你的单位是从事咨询顾问工作的，那么，你就应该让他们感觉自己是在世界上最好的顾问公司工作。 不管你是在哪个行业，都要让你单位的成员感到自己是在同类最好的单位中工作。 如果你能说服团体成员相信他们是世界上最好的，在某种程度上，他们的确会成为最好的。 这并没有想象中的那么困难。 要诀是将全力集中在某种要素上，使它成为同行中最好的。

很多团体都有自认为最好的各种理由。 例如：最尽力的工作者，常执行最艰苦的任务，最有礼节，做事最彻底，最具创意，生产量最大等。 有些事物是可以具体衡量的，诸如销售量、单位生产量、获奖及其他等等。 不过，要团体成员相信自己是最好的，并不一定要靠这些可具体衡量的事物。

你可以自开始就这样做：分配任务给那些知道会做得最好的人。 等到他们的技术熟练，自信心培养起来以后，再分配较困难的工作给他们，让他们感到自己是在进步。 当然，你必须使每次任务都能成功达成，保证每个人都能完成自己的任务，受到该得的肯定，并让整个团体都知道每次的胜利。 “肯定”可以用不同形式来表示。 公开表扬、发奖状，乃是其中之一。你也可以制定团体座右铭、代号、象征符号和口号，用建立团体价值和特点来促进团结。 你能说出的价值和特点越多，团体成员也就越愿意追随你。 假若你能以过去光荣的历史证明这个团体的价值和特点，你就走上了使团体坚强团结之路。 你所要做的是调查这个团体的过去：这个团体有什么优良的传统？在过去有什么伟大成就，而现在可以继续发扬光大？能发扬光大的事迹越多，凝聚力就越大。 一旦你找到了团体这方面的传统和事迹，你就必须加以利用。 你应该让团体每个成员都知道，他们所属的是个多伟大的团体。 你应该将这些资料贴在公告栏上，放在公报上发表，在会议上宣读。 你应该利用各种技巧，让成员知道他们是属于一个最好的团体，让他们为自己的归属感到兴奋，使他们感到自己比其他任何人要好——他们是最好的。

但是，在这里要提出一个警告：有些领导者认为贬低大团体的声誉，就可以凸显自己这个小团体是最好的，这是个天大的错误。 这样一来，不但你的上级会修理你，而且也破坏了你所想追求的团结。 没有人愿意追随一个失败的团体，哪怕它是输给自己下属的小团体。 因此，千万不能这样做。 即使是因为大团体行动错误而将情况弄糟，而你的团体在分内的事做得很好，也得争取成员对两者的同时支持：不要为支持其中一个而牺牲掉另外一个。

假若你团体的成员感觉到他们是在同类最好的团体里，你将建立一股比强力胶更坚固的黏合力量，那就是打不破的团结，而这会使你和你的团体受益无穷。

重视团队的情感互动

在现在的企业中有很多领导常常会发出这样的感慨：真是时运不济，物色不到合适的人才。其实有很多人才曾在他们的视线中出现，只是他们没有好好把握。对待员工要舍得感情投资。

可以肯定地说，员工的能力大小与领导对他们的感情投资的多少是成正比的。为什么这么说呢？其原因如下。

其一，领导对员工的感情投资，可以有效地激发员工潜在的能力，使员工产生强大的使命感与奉献精神。得到了领导的感情投资的员工，在内心深处会对领导心存感激，认为领导对自己有知遇之恩，因而知恩图报，愿意更加尽心尽力地工作。

其二，领导对员工的感情投资，会使员工产生归属感，而这种归属感正是员工愿意充分发挥自己能力的重要源泉之一。人人都不希望被排斥在领导的视线之外，更不希望自己有朝一日会成为被炒的对象，如果得到了来自领导的感情投资，员工的心理无疑会安稳、平静得多，所以便更愿意付出自己的力量与智慧。

其三，领导对员工的感情投资，可以有效激发员工的开拓意识和创新精神，鼓足勇气，不会"前怕狼后怕虎"，所以工作起来便无所担心。人的创新精神的发挥是有条件的，当人们心中存有疑虑时，便不敢创新，而是抱着"宁可不做，也不可做错"的心理，只求把分内的工作做好就行了。 如果领导能够对员工进行感情投资，建立充分的信任感和亲密感，就会有效地消除员工心中的各种疑虑和担心，从而更愿意把自己各方面的潜能都发挥出来。

员工和领导之间进行有效的情感互动，领导者应该以全新方式看待自己的员工，视每位员工为具有无限潜力的人才。

获得领导感情投资的员工所组成的团队，往往能获得杰出的成果。 而且，当顾客感到你的员工用热忱与真诚对待他们时，他们一定也会以相同的情感回应。 这种员工与顾客之间的情感投入和情感互动，会变成企业持续成长的因素。

人无完人，任何人都有优缺点。 与其徒劳地矫正员工的缺点，不如重视发掘与善用他们的优点。 研究表明：人类通常有24 种情绪天赋，这些天赋通过人的思维、感觉与行为体现出来。 对这些天赋进行分类，可以帮助领导者深入了解员工，并善用他们的长处。 比如：有容易赢得他人信任的"领导者"；有擅长把枯燥的主题表达得生动有趣的"沟通者"；有习惯与人比较的"竞争者"；有能预感冲突并化解纠纷的"和谐者"；也有能了解他人，具备换位思维的员工。

越来越多的领导者意识到，懂得欣赏和运用员工的天赋，是提高员工绩效的关键。 一个高级人才不止具备一项天赋，比如客户代表至少要有沟通和换位思维的天赋。

了解某个职位应具备哪些天赋的最好的方法是细心观察高绩效者：首先，找出促使其具有高度热情的原因，密切观察他们如何建立关系，然后留意他们对别人的影响，最后请教他们如何处理信息，如何形成对工作的相关意见。

领导者需要和员工在情感上形成互动，这样才能够使得管理出现最优的成绩。

妥善解决团队冲突

团队成员之间除了友好合作的一面，还有没有冲突的一面呢？答案是肯定的。既然如此，冲突管理也是企业管理者的一项重要工作。通用电气集团前任 CEO 杰克·韦尔奇在团队建设的过程中就十分重视发挥建设性冲突的积极作用。他认为，开放、坦诚、不分彼此以及建设性冲突是团队合作成功的必需要素。团队成员必须反对盲目的服从，每一位员工都应有表达反对意见的自由和自信，将事实摆在桌上进行讨论，尊重不同的意见。韦尔奇称此为建设性冲突的开放式辩论风格。

冲突是一种常见的现象，如同一团队中，成员与成员之间的意见不合、互相攻击；一部分成员与团队之间的矛盾和对立；同一组织系统中团队之间的分歧、矛盾和对立；团队的管理者与下属员工的矛盾和分歧；等等。管理者只有正确对待和处理这些冲突，才能够有效调节员工因冲突而起的负面情绪，才能使矛盾向着有利于完成任务和实现团队目标的方向转化。

冲突是团队工作的一部分。既然在一个团队里有很多成员，那就不能奢望在任何时候、任何事情上每个人的意见都是一致的，更何况这未必是一件好事。因为那样的话也许意味着你的团队成员对工作并没有什么热情，他们或是在随大流，人云亦云，或是的确缺乏主见。 一个企业的管理者如果善于利用冲突，就能将其转换成有利团队前进的力量；反之，如果只是一味地回避，就会造成不良影响。 TE 制药公司总经理处理团队内部冲突的做法就很值得企业的管理者深思。

TE 制药公司的研发部经理刘一宁是被公司总经理以高薪从内地某省一家国有大型制药企业技术科长的位置上挖来的，为了充分体现对他的信任，总经理将项目研发部的管理权、人事权甚至财务权一并交给了刘一宁，并委派了一名海归硕士张光协助其项目的研发。

可是在一个项目的开发过程中，他和副经理张光产生了分歧。 他们两个人各自提出过一套方案，并且都坚持不肯让步：张光主张在引进国外现有的先进技术基础上改进配方和生产工艺，这样不仅见效快且技术风险较小，但缺点是要支付一大笔技术转让费用；而刘一宁则主张自力更生，自主研发具有独立知识产权的全套生产技术，这样做的缺点是技术开发风险较大。

按公司规定，如果双方都坚持己见，那么就要将这两个方案拿到项目研发部全体会议上进行讨论，最后作出集体决策，以刘一宁多年的国企管理经验，如果正副职在业务上产生分歧，当着下属的面各执一词激烈讨论，必然会不利于整个部门的团结，对领导的权威也是一大挑战。

实际上，他也缺乏足够的信心说服张光和整个部门的同事，于是他找到总经理，使出浑身解数甚至不惜以辞职相逼，最终迫使总经理在方案提交之前将张光调离了该部门，从而避免了一场"激烈冲突"。但最终的结果却是惨痛的：先是某项历时一年多的新药研制项目遭遇技术难关，只好中途搁浅；紧接着国内另一家知名药厂通过引进国外先进技术，已经研制成功同样品种的新药，并通过了医药审批，产品即将上市。

因为总经理回避冲突，最终使这场风波风平浪静了，但在平静的表面下却隐藏着深深的隐患。这是一个很奇怪的现象，团队的管理者往往会对于冲突讳莫如深，他们会采取种种措施来避免团队中的冲突，而无论这种冲突是良性还是恶性的。

冲突并不是一个贬义词。只有那些会损害团队利益的冲突才是需要减少和避免的，比如团队成员之间的相互攻击，再比如为了一己私利而无视集体利益等。有的时候团队确实需要冲突，因为这种冲突能给团队带来帮助。当成员之间对于某项工作存在着不同意见时，这样的冲突就是有益的。它有利于集体智慧的充分发挥，从而能够集思广益，全面看待问题，并最终作出正确的决定。所以说冲突本身并不是问题，企业的管理者必须学会处理和利用冲突。

有远见的管理人员能在冲突有发生的迹象时便采取相应的措施，利用冲突，并将恶性冲突消除于萌芽状态。具体措施可分为以下几步骤。

1. 了解冲突的程度

现代冲突观认为，不仅要区别冲突的种类，而且要进一步区别冲突的程度。冲突程度高低的差异，与达成组织目标的功效和能力存在着对应的相关关系。

冲突程度过高或过低，任何一种极端的情景都会阻碍组织的工作绩效。 当冲突达到最佳程度时，它可以阻止迟滞，解除紧张，激发创造力，培养创新的萌芽，使组织保持旺盛的生命力。

冲突水平过高或过低都意味着关系失调，导致团队效能低下；而适度的冲突水平对应的团队效能才高。 试以不同意见的争论为例，所谓"仁者见仁，智者见智"。 对同一事实有不同意见，由此引起争论，应属情理之中。 只要不"越轨"，在多数情况下可认为这类冲突是建设性的。 然而即使是建设性冲突，假如冲突水平过高，争执不下，莫衷一是，也会妨碍团队目标的达成。 这从组织状态来说，称为高失调，导致负面的效果。 再如冲突水平过低，毫无争论，则错误意见固然是没有了，但正确意见也听不到了，难以收到"集思广益""真理愈辩愈明"之效，这是低失调，也呈现负面效果。 只有适度水平的争论，分歧得以澄清，在正确意见基础上统一认识和行动，才能得到预期的正面效果。

2. 解决团队冲突的方法

矛盾、冲突的性质不同，解决的方法也应不同。 总的来说，应遵循"具体问题具体分析"的原则来找出解决冲突的方法。 企业的管理者可以从以下方法中挑选适合本企业执行的方法。

第一，优胜劣汰法。 如果发生冲突的两个团队之间力量悬殊，就可能会出现力量强大的团队战胜或消灭力量弱小团队的情况。 具体情况有：力量弱小的团队向力量强大的团队投降，力量强大的团队吞并力量弱小的团队而进一步扩大自己的实力；力量强大的团队只是将力量弱小的团队消灭而并没有将其成员纳入自己团队内。后种情况是最激烈又最彻底的解决冲突的方式。

第二，协商解决法。协商解决指冲突团队双方直接接触（一般是派出代表），相互协商以解决冲突的方式。如果冲突双方力量大致相当，谁也不可能消灭对方；或者是虽然力量差别比较大，但强者要消灭弱者也要付出一定的代价，在这些情况下，往往会采取协商的方式来解决冲突或缓解矛盾。协商时要求冲突双方顾全大局，互相做出让步，才有可能使冲突得以解决。

第三，仲裁解决法。仲裁解决法是指当两个或两个以上的团队之间出现冲突时，由第三者、上级部门或者高层管理者出面以解决冲突的方式。仲裁解决的方式对仲裁者的要求很高，仲裁者必须具有较高的威望、较强的能力、较公正的态度、较好的劝说本领，使冲突双方愿意接受他的仲裁才行。

第四，权威解决法。权威解决法是指当冲突双方不能通过协商解决冲突，而且未服从调节者的仲裁时，由冲突双方的共同上级进行强制性裁决，强迫冲突双方执行判决结果以解决冲突的方式。权威解决法是采取强制手段解决冲突，往往只是把问题压制下去或者掩盖起来，并不能消除引起冲突的各种因素，难以从根本上解决问题，有时候还会留下一些后遗症。因此，不到万不得已的时候不要轻易使用权威解决法。

第五，回避冲突的解决方式。回避冲突也是一种解决冲突的方式，指冲突的一方或者是双方觉得冲突难以解决或者继续冲突下去没有意义，干脆回避，躲到一边去，不再理睬对方，自然而然地就消除了冲突。

3. 利用冲突

处理冲突还有着另一个方面，即管理者还可以有效地利用冲突，有意激发冲突。 一个团队如果无冲突现象，是不利于团队发展的。 比如，员工对团队漠不关心，要么默不作声，要么全体拥护；员工对领导唯唯诺诺，领导打击提不同意见者；团队表面上一团和气，实际上死水一潭，没有创新，缺乏活力；等等。 如果出现这种情况，管理者就可以利用曾经提到过的"鲶鱼效应"去激发冲突。 至于如何去激发冲突，下面的建议可供参考。

（1）改变团队文化。 激发有效的冲突的首要一步是，管理者应向下属传递这样的信息：冲突有其合法地位，并以自己的行动加以支持。 应该对那些敢于向现状挑战、倡议革新、提出不同看法和进行独立思考的个体，予以大力奖励，如晋升、加薪或采用其他强化手段。

（2）引进外部人才。 改变团队或单位停滞迟钝状态所普遍使用的方法是，通过从外界招聘或内部调动的方式引进背景、价值观、态度或管理风格与当前团队成员不相同的个体。 很多大型企业采用这一办法来填补董事会的空缺，以引入新见解，注入新活力。

（3）重新建构团队。 结构变量也是冲突源之一，因此把结构作为冲突激发机制是符合逻辑的。 使决策集中化，重新组合工作团队，提高规范化和增加团队之间的相互信赖关系，都可使结构机制产生变化。 采取重新建构团队的方法，可打破现状并提高冲突水平。

（4）任命一名吹毛求疵者。 吹毛求疵者作为一个检查员可以阻止小团体思想，使"我们这里从来都是如此"这类辩护显得苍白无力。 如果其他人能认真倾听吹毛求疵者的意见，便可提高团队决策的质量。

可见，冲突并不是一件坏事，但也绝不能为了冲突而冲突。 企业的管理者应当把眼光放长远一些。 管理者所要关注的并不是冲突本身，而是如何解决冲突。 当团队成员针锋相对的时候，有可能两种意见都具有合理性，只是各自的侧重点不同；也有可能其中的一种意见比较全面，而另一种则有失偏颇。 这时就要求管理者学会利用冲突，吸收下属意见中的合理成分，排除那些不合理的因素，从而为最后的决定提供参考，这是一个存异求同的过程。

如果管理者想使自己的团队成为一个有效率的、紧密团结的和自我管理的整体，就必须明白冲突是团队工作不可避免的一部分，管理者要做的不是压制冲突，也不是不加约束，而是正确地解决冲突，或者说利用冲突。

第八章

协调的艺术:高效沟通

善于解决部门间矛盾

任何一个组织或团体在长时间的对内对外关系中必然会产生误解和矛盾。作为一名现代领导者，能否充分学会运用协调与沟通的技巧，消除误解和矛盾，对外取得理解和支持，对内使本部门成为一个坚强团结的战斗整体，已成为衡量其领导成功与否的重要标准之一。

1. 倡导相互帮助

各部门领导之间在强调自己工作的地位和作用时，不能贬低而要同样肯定其他部门的地位和作用。工作的配合与支持不能仅是单向的企求，而应成为双向的给予，并用以取代"鸡犬之声相闻，老死不相往来"的自我封闭状态，以及"各人自扫门前雪，休管他人瓦上霜"的狭隘做法。

各部门领导之间互相支持，是圆满完成组织工作任务的前提。一个各部门之间相互支持的组织，才是有力量的组织。各部门之间的相互支持，体现在具体的工作之中。当某一部门工作遇到困难和阻力时，主动去排忧解难，在人财物方面给予帮助，是一种支持；当某一部门工作取得了成绩或出了问题，给予热情的鼓励或提出诚恳的批评，也是一种支持；当某一部门与其他部门发生矛盾，不是置之不理而是出面调解，帮助消除误会、解决矛盾，更是一种支持。各部门之间的相互支持，是避免冲突、消除矛盾和友好相处的重要原则。

2. 做好部门间的沟通工作

做好部门间的沟通工作既是做好部门工作的需要，也是处理好部门关系的需要。沟通是双向的，也是多方面的，主要应当从目标上、思想上、感情上和信息上加强沟通，进而取得共识，这是协调各部门领导关系的重要基础。

（1）在目标上沟通。强调整体目标，使他们认识到各部门、个人对整体目标做贡献的重要性，以及相互配合、协调的必要性，力争把部门利益与共同的目标联系起来，进而增强各自对组织目标的关切感，减少部门之间不必要的冲突。

要在具体目标上取得沟通和共识。各部门领导，在目标的确立上，要相互理解和关注；在目标的实施上，要相互支持和推进；在目标的冲突上，要相互调整和适应；在目标的成功上，要相互鼓励和总结。

（2）在思想上沟通。各部门领导应避免单纯以本部门的利益得失考虑问题，而应当从各部门利益的互相联系上也就是全局上考虑问题，包括设身处地地替其他部门着想，达成彼此可以共同接受的意见，以防止思想认识上的片面性。各部门领导在思想观念、思想方法、思维方式上也是互有差异的，由此而形成的观点上的争鸣和分歧，可以通过平等的交流、启发，缩小认识上的差距，以达到统一。对于因工作关系所引起的误会、隔阂，各部门领导之间应严于律己，宽以待人，必要时多做自我批评，求得谅解。

（3）在感情上沟通。感情上的联络和加深，对部门领导来说是很重要的。因为很难设想，没有任何感情交流的部门领导之间，工作上可以融洽。 要增加感情上的沟通，除了目标思想上的认同外，还可通过工作交流、参观访问、文体活动、公共关系活动等不断加深，从而创造一种和谐共事的情感环境。

（4）在信息上沟通。 沟通也是传达交流情报信息的过程。 部门之间的矛盾与隔阂，都可以从信息沟通上找到原因。 一般而言，凡缺乏沟通的部门，信息传递必然不畅，极易造成部门之间的不了解、不理解和不协调，甚至造成某些冲突，既影响工作，又影响团结；凡主动沟通的部门，必然信息畅通，往往容易赢得对方好感，取得信任，形成部门之间的良好关系。

3. 维护合理竞争

由于各部门在组织系统中处于不同的地位和具有不同的功能，部门之间不但具有共同的利益和目标，而且还具有各自不同的利益和目标，因此必然存在竞争。 组织内各部门的地位差、功能差，既反映了相应的权利和义务，也反映了相应的责任和贡献。 这是组织系统各部门在协作过程中存在竞争的客观基础。 在组织内部，竞争是一种最活跃的因素和力量，具有使组织系统不断发生变化的功能。 这种功能既可以使组织系统发生进步性变化，使组织的作用充分发挥出来，也可以使组织系统发生破坏性变化，造成组织系统的不稳定，产生结构内耗与功能内耗。 合理竞争要求部门之间形成一种正常的竞争关系，最大限度地发挥积极性和创造性，努力实现组织系统的整体目标。

在合理竞争中，既反对封锁信息、相互拆台、制造矛盾，也反对满足现状、不思进取、得过且过。 特别应该反对的是那种不择手段、尔虞我诈的倾轧和竞争。

组织系统部门之间出现矛盾冲突时，如果涉及范围小，则可以采取"协商解决法"，即由相互冲突的部门彼此通过协商解决冲突。 协商时双方都要把问题摆在桌面上，开诚布公，摆出各自的观点，阐明各自的意见，把冲突因素明朗化，共同寻找解决途径。 如果冲突涉及面大，可采用"仲裁解决法"，即由第三者出面调解，进行仲裁，使冲突得到解决。 这是部门之间经过协调仍无法解决冲突时，才使用的方法。 这里要求仲裁者必须具有一定的权威性，最好是冲突双方都比较信任的，或者社会和法律认可的，否则可能使仲裁无效。

不过，不管用何种方法解决，领导者在此过程中必须保持公正与正直，像天平一样不偏不倚。

解决矛盾采用正确的技巧才是真理

在处理冲突、解决矛盾的过程中，领导要注意以下一些技巧。

一是要暗中解决矛盾。 因为人们都有爱面子的心理，私下解决就是给矛盾的双方保留了面子。 因此矛盾应尽量暗中解决，不要张扬出来。 但对那些不伤面子，同时又有普遍教育意义的可以公开出来，起到教育其他下属的目的。

二是原则和灵活相结合。 原则就是不能侵害组织利益，灵活就是解决矛盾的方法不要千篇一律，不要教条式地解决问题。有些矛盾要防患于未然，有些矛盾可以事中控制解决，而有些矛盾可以让它量变到一定程度发生质变时再解决。

三是有些矛盾不解决比解决好。其实从某一方面来讲，不解决也是一种解决方法。

四是不是工作矛盾，不要轻易介入。现实中下属之间的有些矛盾不是工作矛盾，如恋人之间的矛盾，不要轻易介入。一旦介入，很有可能把自己套住甚至套牢，因为清官难断家务事。当然，部属之间的这些非工作原因产生的矛盾有时确实也会对工作产生不良影响，那么作为领导应该从影响工作的角度来做其思想工作，必要时做善意的提醒。

五是对恶意制造矛盾者绝不能手软。恶意传闲话者，故意制造事端者，生怕天下太平者，甚至与外部勾结，找内部员工的麻烦者，要果断解决，坚决辞退，无论他有多高的才能都不能用。

化解与下级冲突的柔性技巧

在平时工作中，领导者与下级偶尔发生摩擦也是正常的，领导者与下级的冲突可能起源于下级的某种不满和怨气，心理的"水库"积累怨气太多，必然会发泄出来。因此，当下级有怨气要发泄时，就要采取一定的方式让下级发泄。有沙不冲会破坏水库，有怨气不泄会憋出心理毛病。即或下级在发泄的过程中有过激的言辞，也要让下级发泄完，然后再选择适当的时机与合理的方式与之沟通，帮助下级分清是非对错。同时也要反思自己的工作方式有哪些不足，与下级诚恳交谈。通常来说，一个人在发泄完怨气后，心境会平静下来，容易与之沟通。

领导者与下级的矛盾或冲突一般来说不是突然产生的，往往有一个由潜到显、由小到大的生成过程。因此，领导者要放弃简单处理冲突的刚性方式，而必须及时、周密地掌握各方面情况，找出冲突的根源，根据具体情境、具体事件，采取灵活的方法及时处理冲突，具体做法如下。

1. 化解冲突于萌芽状态

在任何一个团队的领导活动中，不可能都是一帆风顺的，冲突与不满通常都会发生。有效的团队领导者必须运用自己的权威和影响力及时并合理地处理这种冲突，消除团队成员的不满。

对此，领导者可采取以下步骤进行疏导和处理。

（1）及时沟通信息，在矛盾气球爆破之前先放气。矛盾不断激化的一个重要原因，是团队成员不满意的地方太多，若压着不能讲，问题长期得不到解决，就像高压锅一样，持续高温又没有出气的地方，到一定程度非爆炸不可。

（2）当冲突发生后，要迅速控制事态。在情况不明、是非不清而又矛盾激化在即的时刻，先暂时"冷却""降温"，避免事态扩大，然后通过细致的工作和有效的策略适时予以解决。

（3）及时阻隔信息，避免流言的影响。尤其是作为团队领导集体，更要避免因流言而瓦解领导团队合力的不良结果。作为团队主要领导人，应把握好各方面的思想情绪，做到该畅则畅，该阻则阻，从而达到化解矛盾、消除不利因素、求同存异之目的。

2. 以君子大度化解矛盾

古人言，"宰相肚里好撑船"，领导者凡事让三分，可为自己今后的工作做好一个铺垫。在经历了以上三个步骤控制住事态以后，领导者就要分析对立和冲突产生的原因、作用、后果以及转化，为进一步的思考处理做好准备。

3. 冷静思考，善后解决

在团队内部，上下级或同级之间对于解决问题的意见不同，或自我意识太强，都有可能引发争执。若团队久经磨合，大家坦诚相见，则争执有利于鼓励不同意见。但在很多情境下，事情往往不能如愿，争执常常会发展为争吵或冲突。如果发生这种情况，就要努力找出对立的原因，然后冷静地思考对立下去会产生什么样的不良后果，意识到问题的严重性，找到问题的症结，才能对症下药，彻底解决问题。

4. 制定精简会议、活动、文件的规定

领导者应摆脱文山会海，腾出更多的时间和精力来关注决策贯彻情况，处理决策执行中发生的问题。这些规章制度，是领导者抓落实行为走上经常化、制度化轨道的重要保证。

领导者应学会适当让步

1. 学会让步是领导者的一种美德

让步体现了对人宽容和善意友好的美德，它最能体现一个领导者豁达大度的品格和做人的基本标准。 面对矛盾纠纷，善于让步的领导者会理性地对待人与事，在非原则性问题上善于谦让他人，不怕被冤枉。 在日常学习、工作和生活中，都能真诚地与人交往、处事，不断提高自我修养，真正实现幸福与快乐的生活。

2. 学会让步是一种高明的领导艺术

工作中出现的诸多矛盾与冲突，都是因为人与人之间不互相忍让，勾心斗角，争权夺利所造成的。 而适当让步则非常明智。 讲究领导艺术的领导者，往往高瞻远瞩，能以虚怀若谷的心胸为人处世，常常会使错综复杂、剑拔弩张的严峻形势得到扭转，适时恰当地处理人与人之间的矛盾和冲突，从而创造一个和谐、良好的工作环境。

3. 学会让步是一种有魅力的领导智慧

要想使领导工作顺畅且舒心，就务必要以领导智慧去疏通组织内的人际关系，化解矛盾冲突。 面对无理的挑衅和刁蛮的争斗，领导者应以智慧和技巧去应对。 有智慧的领导者，能够坦然面对不满者，尤其是那些反对过自己而已被实践证实反对错了的人，能够坦然对待一切。 一个能理智地做到容言、容事和容人的领导者，就是最有魅力的领导者。 善于在人际交往活动中用智慧做出适当妥协和让步，既有助于保持心境的宁静，也有利于人际关系的和谐。

4.让步并非意味着放弃原则

让步不等于退步，更不意味着放弃原则。 宽容他人的目的是给予人思考的时间和改进的机会，让步于人是为了更好地协作和团结人。 在一个组织内，和睦与忍让是一剂润滑油。 如果有较大矛盾的双方都能够明智地各退一步，那么，就会海阔天空。 聪明的领导者不会过分计较组织成员的作为，而是以理智的方略去处理各种琐事，以忍让的积极心态妥善解决人际矛盾，以善意的忍耐和适度的让步为组织营造出和谐的环境氛围。

身为领导者，学会让步，最关键的是明白尺有所短、寸有所长，不要总是企图论证自己远胜于他人，自己永远对而别人永远错。 千万不要事事、时时、处处自以为是、唯利是图。 面对任何矛盾，领导者都应学会拓宽心理容量，使自己的修养与胸怀更完美。 须知，只有聪明的人才会善于对人让步。

"冷处理"与"热处理"

同样的鱼肉蛋菜，有的人能炒出香味扑鼻、吊人胃口的佳肴，有的人却只能做成平淡乏味、有失本色的便菜。其中的奥妙和诀窍何在呢？有经验的厨师会告诉你两个字：火候。火候不到，不会香甜可口；火候过了，又会煮烂烧煳。只有火候恰到好处时，才会色香味俱全。炒菜如此，领导工作其道理亦然。掌握火候，把握分寸，择机而发正是一个领导者要悉心注意的。

火候，也就是适度。火候恰到好处在于时间的准确适宜。所谓"冷处理"，是指有时要引而不发，视而不见，故意冷淡，稍后再办。而"热处理"则是触机而发，及时补救。

某厂青工小王因对车间主任派活不均有意见，两人吵得不可开交，剑拔弩张。书记老李过去，没有批评，也没有动怒，拍拍小王肩膀，将他领到休息室，请他消消气。同日，厂机关一名干部顶撞工会主席，又被书记碰到，老李毫不留情，当众予以批评，并责令他做出检讨。旁人不解，问："同是吵架，您为何采取两种态度？"

这位经验丰富的党委书记谈了自己的看法：两次吵架，我采取两种态度，一是"冷处理"，一是"热处理"。原因有二。一是个人特点、环境场合不同。小王脾气直率刚烈，本身已受委屈，情绪因受刺激正处于极度激愤状态，倘若不问事由一味指责，无异于火上浇油，肯定会激化矛盾，最好等他火气消停下来个别交谈。而那位干部受党教育多年，应有一定修养，却为个人私事大吵大闹，若不立即制止，必会造成更坏影响。所以，我对他们分别采取了"冷处理"和"热处理"两种方法。二是吵架原因不同。小王的不满是事出有因，主要原因在车间主任，因而不能简单指责；干部顶撞工会主席是因为个人福利，属个人无理取闹，理当严肃批评。

掌握好紧迫与松弛的界限

公元前204年，刘邦为了消灭赵、燕等诸侯国，派韩信率军于10月越过太行山向东进攻赵国。赵国闻讯集结兵力，占领有利地形准备迎战。韩信派1万人做先头部队设伏，却犯兵家大忌，背水设阵。赵军见状，大笑韩信无能，冲入汉军阵中。但汉军殊死战斗，英勇异常，前后夹击，活捉赵王。在庆功会上，有人对韩信这种违背常规的用兵方法感到不解，韩信笑道："根本原因是你们没有领会兵法精神。兵法上不是说'陷之死地而后生，置之亡地而后存'吗？况且我带的是一群缺乏慰抚、训练不足的部队，不把他们放在没有退路的境地，他们哪会服从命令奋勇作战呢！"

韩信用兵的确高人一筹，他的成功不仅在于能够审时度势，将天时、地利、人和诸因素恰当地运用，更重要的是他准确地把握了实施权力的尺度，把握了部下所能承受的心理界限，在生死抉择的重大压力下，产生了最大的权力效益。 大敌当前，背水布阵，就只给部下两条出路：奋勇决战，生；畏缩不前，死。 但是，将士若要求生还有一条路，就是逃跑投降。 军士们之所以没有这么做，是因为韩信所施加的压力没有超出他们的心理承受范围，反而成功地制造了一种紧张气氛，鼓舞了将士们的斗志。

心理学研究发现，在工作上，压力与工作效率之间合成为一种曲线关系，当压力增强时，工作效率就会提高，但达到一个最佳水平后，效率在某种程度上不再提高，而且随着压力的继续加强，工作效率反而会下降。 这是因为过度的压力使人产生恐惧、愤怒、焦虑情绪和攻击性行为。

在日本小学生的课本扉页上写着：日本国土狭小，人口众多，资源贫乏，只有技术立国，否则无法生存。 这种从小开始的危机教育，使日本人从小就处于一种压力气氛中，只有拼命工作，掌握先进技术，才能立于世界之林。

领导者在工作中制造紧迫感应该注意尺度，必须以部属的心理承受力为界限，要有一个"度"。 如果超出这个度，突破下属的心理承受界限，结果就可能适得其反。 太松不行，松松垮垮，拖拖拉拉，工作效率必然低下，这是"度"的下限，反之过严，就会突破"度"的上限。

在企业管理中，常常可以看到这样一种现象：当承包定额比较合理，承包者经过努力能够达到时，承包结果往往高出定额，反映出效率的上升；若承包定额太高，承包者又不得不承包，而且即使十分努力也较难完成时，承包结果往往大大低于合理的权值，原因就在于过度的压力使他们产生了反抗心理，工作效率下降。

由此可见，领导者要掌握好紧迫与松弛之间的界限，既要造成一定的压力又要使下属不过于紧张，使紧迫感与下属自身因素以及当时的客观条件相适宜，否则，就会事与愿违，达不到预期的目的。

领导团队成员之间的协调

　　由于领导团队成员所处的岗位不同，一般成员的协调在性质、程度和范围上，与正副职的协调都有所不同，但总的目标必须保持一致。下列三点为领导团队成员之间的协调提供了帮助。

　　1. 善于从局部立场上把握全局
　　领导团队作为社会政治、经济等活动的组织领导者，所要完成的工作和任务是涉及多方面内容的一个系统工程。作为它的子系统，各个领导团队成员分管负责的工作相互依存、相互关联，其内在的有机耦合程度决定着整个系统的有效运行，从而客观要求每个领导团队成员要有整体意识，善于从局部立场上把握全局。第一，消除个人主义、本位主义思想，努力克服不顾大局，只顾暂时的局部利益的短期行为，还要防止把党和人民交给的权力变为个人的权力，甚至以权谋私的条件。第二，提倡在领导团队内部各个岗位的纵横对比中考虑问题，坚持思想上多"串门"，经常超越本职位置，打破部门界限，从不同视角观察问题，克服"偏想"，力求"兼想"。 第三，在熟悉全局情况的基础上，按整体发展趋势和需要来组织和部署自己分管的工作。 第四，准确把握本职工作在全局中的位置，既不自我淡化，自我削弱，又不人为地突出本职工作作用，更不能不切实际地提高自身的分量，贬低领导团队其他成员的工作地位和作用。

2. 善于在不同岗位上平等相处

虽然每个领导团队成员所处的工作岗位不同，但作为人民的公仆，所做的一切都是以为人民服务为宗旨的，没有高低之分，在具体工作中都必须执行集体决策，并接受"班长"的领导，这就决定了每个领导团队成员都应在不同的工作岗位上平等相待，在工作上竭力做到既不失职，又不越位。 自己职权范围内的事不推卸，并争取出色地干好；别人职权内的事不干预，但在可能的条件下主动支持配合。 特别是其他成员受难题困扰，或是工作出现失误时，更要帮助其排忧解难，或及时予以提醒，为其拾遗补阙，而不能事不关己，熟视无睹，更不能以听笑话、看热闹为快。

3. 借助"外力"，消除成员之间的矛盾和隔阂

在领导团队运作过程中，工作难免有时发生矛盾与冲突，领导团队成员因此而造成的思想隔阂和矛盾有时也是难以避免的。 对所产生的矛盾隔阂，有些成员心里有话又不好当面说，或存有戒心，怕问题点破后会引起对方的更大误解；有的有调和、化解的愿望，但又碍于"脸面"不肯主动去沟通；等等。在这种情况下，当事人一方可以主动邀请领导团队其他成员从

中斡旋，进行个别沟通，以消除隔阂。 应邀出面的领导团队其他成员要积极参与协调，化解矛盾。 同时，应注意运用适当的调解方式，如观点沟通、信息沟通、感情沟通来化解彼此间的冲突，保证工作的顺利进行。

总的来说，只有领导团队的成员之间关系协调了，各部门之间的关系才能理顺，这个团队才有力量，工作才能取得成效。